AF340857

LA PARISEÏDE.

SECONDE PARTIE.

Paris retrouve Œnone au Temple de Minerve.

LA PARISEÏDE,

OU

PARIS

DANS LES GAULES.

SECONDE PARTIE.

A PARIS,

Chez Pissot, Quai de Conti, vis-à-vis la descente
du Pont-Neuf.

M. DCC. LXXIII.

Avec Approbation & Privilège du Roi.

LIVRE SEPTIEME.

ARGUMENT.

Rᴇᴛᴏᴜʀ de Tolofis à Tolofe : defcription de cette habitation, nouvellement décorée par les Oréens : temple élevé à l'Hymen ; nouvelle alliance ; Tolofis & Oréa donnent l'exemple : Robinoalde abandonne Magnégide, pour Lavaur délaiffée par Frivolidès : différens partis formés pour & contre l'Amour ; l'Amour quitte le temple de l'Hymen, pour retourner à fon ancien autel : aventure d'Oréa & d'Hérotas : dénombrement du peuple ; nouvel ordre établi ; nouvelles loix. L'intérêt, fource des injuftices ; on borne les terres ; on établit les poids, les mefures, & une finance. Origine du Célibat ; l'orgueil & le luxe s'oppofent aux progrès de l'Hymen. Pâris quitte Tolofe, & fuit les rives de la Garonne, qui le conduifent chez les Burdigaliens : il rencontre une famille défolée ; Colonie Afriquaine établie à Burdigala ; comment les Burdigaliens font devenus efclaves de cette Colonie ; Burdigalie, compagne de Médoc ; amitié généreufe d'Agen : Pâris rompt les fers des Burdigaliens : il remonte enfuite le Ligéris ; paffe chez les Tourainiens, traverfe ce fleuve chez les Auréliens, & arrive enfin à la nouvelle Troye chez Francus, à qui

II. Partie.　　　　　　　　　　a

il vient de faire le récit de ses voyages. Francus par des fêtes, tâche de faire oublier aux Troyens leurs courses pénibles. Optique singuliere de la Reine ; on y découvre Ulisse dans l'île de Circé, & Pénélope à Ithaque. Frivolidès y trouve la flotte d'Énée à la rade de Carthage. Creüse y voit son époux ; jalousie de Creüse. Jeux hymenéens : temple de Plutus élevé à la nouvelle Troye : mort de Cébren.

LIVRE HUITIÉME.

P*ARIS* va consulter Fétisse ; sa réception ; Fétisse lui prédit qu'il reverra Œnone au printems de son âge, & que la Barbarie va fuir de ces contrées, chassée par les Arts. Fétisse conduit les Troyens au temple de la Gloire ; ils voyent en passant celui de Gloriole, où restent les Gens médiocres en tout genre ; description de ce temple. La Fée transporte Parisis, Plancée & Gallie sur une montagne, d'où elle leur fait voir le spectacle du monde, l'île de Cithére, les îles Honorines, l'île Blanche ou des Vieillards ; description de ces Isles ; elle leur montre ensuite différentes vuës de l'ancienne Troye, & enfin la nouvelle, qui sort des cendres de l'ancienne. Histoire de la formation du monde, des astres, des animaux, & celle de Pro-

togène & d'Aréta, premier homme & première femme ;
leur description, & leur première entrevue dans un
lieu enchanté. Origine des Fées & de leur puissance.
Pâris de retour à la nouvelle Troye, y prend connois-
sance des mœurs & des usages des peuples voisins,
s'instruit du gouvernement de la nouvelle Troye, dé-
saprouve la grande autorité & les richesses des Monos.

LIVRE NEUVIÉME.

LES Pariséens arrivent au confluant de la Marne
& de la Seine, au rocher de Karenthon, d'où ils découvrent le plus beau pays du monde, description des
rivages de la Seine, & de ses différentes Isles. Les
Pariséens apprennent que les Samothides, peuples de
ces contrées, ne reconnoissent de Divinité que les
femmes, qui habitent seules le côté gauche du fleuve,
& que l'hospitalité est la première vertu de cette singulière Peuplade. Magus, fils de Dis-Samothès, est
le Chef des Samothides ; son fils Sarron se lie d'a-
mitié avec Parisis, & lui fait part du culte que ces
peuples rendent aux Déesses : Magus prêt de mourir,
dévoile à son fils le sécret de la Divinité des femmes
sous Dis-Samothès son pere ; Sarron refuse d'adorer
les Déesses. Pâris lui conseille de s'affermir sur le

trône avant de toucher à rien ; Sarron va enfin à
l'île de Lutèce recevoir la Couronne : description de
cette Isle & de la Cérémonie ; Sarron couronné, passe
le fleuve pour aller chercher Lilia, jeune Déesse promise à ses vœux ; événemens qui lui arrivent sur la
route dans des cavernes sombres ; il passe ensuite de
ces lieux pleins d'horreurs, où il voit l'ombre de son
pere, dans de plus fortunés ; description de ces lieux
enchantés, où il trouve Lilia sous un berceau de fleurs ;
leur entrevue ; ils vont à Lutèce au milieu d'une Cour
brillante & nouvelle.

LIVRE DIXIÈME.

Sarron, ennuié de l'étiquette, va s'amuser aux
fêtes que lui donne Parisis ; charmé de l'intelligence
qu'il y voit régner entre les deux sexes, & de la douceur des Néréïdes étrangères, il se livre aux mauvais
conseils, qui lui persuadent que le moyen de dompter la
fierté de Lilia, est de s'attacher quelque Divinité du
second ordre ; il aime la jeune Amantide ; elle vient
sécretement aux fêtes des Pariséens ; origine du Mas-
que ; vengeance de Lilia ; conspiration des Déesses ;
Albion les seconde. Enlevement des Pariséennes : à la
vue des cadavres de Sarron & d'Amantide, le peuple

accourt ; Pâris en profite pour le désabuser de la prétendue immortalité des Déesses : le peuple se divise en
deux factions ; combat sanglant donné à ce sujet.
Combat particulier d'Albion contre ses propres fils :
les Déesses sont assiégées dans Lutèce ; elles ont recours
à leurs prisonnières pour leur ménager un accomode-
ment : Albion quitte Lutèce avec les plus furieuses :
conditions de paix données par Pâris ; apostilles des
Déesses ; elles vont couvrir de fleurs le tombeau de
Sarron ; Lilia y fléchit le genou : jour mémorable de
la réunion des deux sexes : les Pariséens passent à
Lutèce. La fête des Modes : Lilia quitte Lutèce.
Pâris demande du secours à Francus & à Longho ;
Tolonius & Bocaris vont en chercher eux-mêmes.
Pâris découvre le lieu où les Déesses élèvent leurs jeunes
Néréïdes : il arrive au moment qu'on alloit les immo-
ler : les Pariséens les arrachent aux flâmes , & ils en
font leurs épouses. Désespoir de Lilia : origine des
Cloîtres.

LIVRE ONZIÉME.

La moisson ; nouvelles prétentions des Néréïdes ;
sur quoi fondées : distinction des états à l'arrivée de
Rothur : nouvelles Divinités mises à la mode ; leur

*petit temple à l'écart. Lutèce commence à se bâtir sur
la rive gauche du fleuve : arrivée de nouveaux Sauvages. Origine des Romans & des Spectacles ; arrivée
de Francus & de Longho ; spectacles donnés à ce sujet.
Auteurs & Acteurs célèbres : Parisis aime Érictée ;
Francus devient son rival ; ce qui en résulte : arrivée
de Fétisse ; elle apprend à Pâris, qu'Albion joint aux
Celtes, jure d'envahir ces contrées : Pâris & Parisis
demandent du secours à leurs amis : Fétisse leur ordonne d'élever un temple au Dieu Mars, & d'un lieu
élevé, découvre aux Pariséens Lutèce telle qu'elle doit
être dans trois mille ans. Parisis, Gallie, Plancée,
& leur suite, parcourent cette Ville immense. Fétisse
disparoît, & Lutèce reprend sa première forme. Origine de la Chevalerie & des Tournois ; il s'en donne
un ; sa description : trois Celtes y arrivent : combat
de Parisis avec Cosquedin ; il en triomphe. Celtès
instruit des forces des Pariséens, remet au printems
son expédition, pour grossir son armée des forces des
Inglis.*

LIVRE DOUZIÉME.

R*ETOUR* du printems : arrivée de différens peuples : Pâris en fait la revue : leur dénombrement : Pâris leur propose de se choisir un Chef, & d'offrir un sacrifice au Dieu Mars. Pâris élu pour Chef, parle à l'Armée, & propose de prévenir l'Ennemi au lieu de l'attendre. Préparatifs du départ ; les Oréens restent pour la garde de Lutèce. Celtès attend son ennemi dans un poste favorable : il fait immoler les premiers prisonniers ; de ce nombre est le jeune Polibius, fils d'Albion. Description des différens peuples qui composent l'armée des Celtes : leur façon de vivre, de camper & de se battre : ordre de bataille des Celtes. Pâris, s'il est vainqueur, promet d'aller suspendre les dépouilles de ses ennemis au temple de Minerve, voisin du Camp : ordre de bataille des Pariséens. Combat de Pâris & de Parisis contre Celtès & Albion : autre combat de Parisis contre Cosquedin : Francus combat Ingland, & Tolosis, Sarronidas : mort de Celtès tué par Longho. Combat terrible des femmes Celtes ; à quelles conditions elles se rendent : Albion à la tête des restes de l'armée vaincue, se réfugie chez les Inglis, qui le prennent pour leur Chef ; secondés *de la puiſſante Britta, ils détruiſent l'Iſthme qui les joint à la terre ; un Volcan en enſevelit les reſtes dans les abîmes de la mer. Pâris vainqueur, court exécuter le vœu qu'il a fait à Minerve, & retrouve Œnone parmi les Prêtreſſes de la Déeſſe.*

LA

LA PARISÉÏDE

O U

PÂRIS DANS LES GAULES.

LIVRE SEPTIÉME.

PLANCÉE, Francus & Parisis, furent si touchés de la révolution arrivée chez les Tectosages, qu'après quelques réflexions générales à ce sujet, ils prièrent Pâris de leur apprendre la suite de cet événement fameux ; ce qu'il fit en ces termes.

Tolosis, couronné dans la forêt, en revint au milieu de ses nouveaux sujets ; le peuple en foule accouroit de toutes parts à sa rencontre, parsémant de feuillages les chemins où il devoit passer, & marquant par mille cris d'allégresse sa vive satisfaction ; les jeunes Néréïdes, vêtues de longues robes blanches ornées de guirlandes, lui présen-

II. Partie.   A

tèrent des couronnes de fleurs, en chantant avec les Bardes ſes exploits devant Delphes.

Ce fut ainſi que le fils de Galatès fut conduit à l'eſpèce de palais que les Oréens lui avoient préparé, par les ordres de Divor ; la liberté de travailler rendue aux ouvriers & aux artiſtes étrangers, avoit déjà produit pendant l'aſſemblée de la Nation, des prodiges de toute eſpèce.

Comme on n'avoit pû en ſi peu de tems, conſtruire des bâtimens ſolides, on en avoit imaginé ſur des toiles ſuſpendues devant les cabanes, & qui par la magie de la perſpective, repréſentoient ſi parfaitement une ſuite de palais, de places publiques & de longues rues, où les yeux diſtinguoient des temples, que j'en fus moi-même frapé d'étonnement, au point que je crus être à Troye, à Lacédémone ou à Memphis.

Toloſis, ravi d'admiration, contemploit toutes ces merveilles, & ne pouvoit concevoir comment une ville ſuperbe, avoit ſuccédé ſi promptement à de ſimples Cabanes. Divor l'inſtruiſit du peu de ſolidité de tout ce qu'il voyoit, mais lui promit que s'il vouloit en donner l'ordre, en peu d'années la pierre & le marbre remplaceroient ces peintures. Le peuple, ſéduit par ce ſpectacle enchanteur, ne manqua pas d'applaudir à cette propoſition, qui fut acceptée par le Monarque; & ce fut alors que la nouvelle Cité fut appellé Tolofe, du nom de Tolofis, fon premier Roi. (1)

On n'avoit rien épargné pour rendre, on ne ne peut pas plus brillante, l'entrée du nouveau Monarque; l'élite de la jeuneffe, fous les armes, & rangée fur deux files ferrées, lui formoient une efpèce d'avenue jufqu'au trône, qu'on voyoit dans l'enfoncement. Le jeune Souverain fembloit du gefte & du regard, careffer tout ce qui l'environnoit. Jamais l'image du bonheur, ne me parut mieux peinte, que dans les yeux de ce peuple empreffé aux pieds de fon ami, devenu fon maître.

Tolofis, après avoir donné les premiers inftans à la reconnoiffance & à l'amitié, s'occupa férieufement de la félicité de fes nouveaux fujets; tous fes momens leur furent confacrés.

Le point le plus effentiel étant de fixer l'état des Citoyens, & de rendre leurs alliances particulières indiffolubles, ainfi qu'il avoit été réfolu à l'affemblée générale de la Nation, il fut élevé un temple à l'Hymen, & chacun eût ordre de s'y préfenter avec fa Compagne, pour y prendre ce Dieu à témoin du nouveau ferment convenu.

____

(1) Depuis elle s'appella Tolofa & enfuite Touloufe.

Je fus frappé de la majefté de cet édifice, quoiqu'il ne repréfentât encore fur des toiles, que ce
qu'il devoit être un jour. Il paroiffoit bâti fur un
roc, & dénué de ces vains ornemens, enfans du luxe
& du mauvais goût; l'architecture en étoit noble
& fimple, les Vertus, fous un vifage riant, étoient
debout aux portes du temple, & jouant avec le
Plaifir, qu'elles ne rendoient que plus vif, elles fembloient par leur maintien modefte, inviter d'y
entrer. L'hymen, repréfenté fous les dehors les
plus décens, étoit placé fur un autel de marbre
noir, que foutenoient la Confiance, la Tendreffe,
la Douceur & l'Honneur; des chaînes d'or unif-
foient enfemble ces quatre Divinités; ce Dieu
allumoit d'une main, fon flambleau à celui de
l'Amour, qui détournoit la tête en fronçant le
fourcil, & de l'autre il lui arrachoit fon bandeau.

Tolofis, qui devoit l'exemple, le donna le premier, en uniffant fa main à celle d'Oréa; ils fe
jurerent mutuellement d'être fidèles aux loix facrées de l'Hymen, & le jeune Monarque fcella ce
ferment d'un baifer.

Robinoalde invita la fille de Magnès à confirmer
fon bonheur; mais la dédaigneufe Magnégide, ne
fe laiffa conduire à l'autel par Nobilie fon orgueil-
leufe mere, qu'après avoir vanté vingt fois à fon

tranquile époux, l'honneur qu'elle lui faisoit, & lui avoir bien répété qu'elle entendoit qu'il se rendît digne d'un tel bonheur ; mais le froid Robinoalde, se trouva enfin si excédé des grands airs de cette altière Magnate, que lui tournant tout-à-coup le dos avec mépris, il la laissa s'enivrer seule de sa ridicule manie, au point qu'elle mourut quelque tems après d'orgueil, de honte & de douleur.

La tendre Lavaur cherchoit envain Frivolidès, dont l'absence faisoit craindre qu'il ne lui fût arrivé quelque malheur ; mais elle apprit bientôt, que son parjure amant avoit déjà fait un autre choix, & que volant de belles en belles sous les seules livrées de l'Amour, il déclaroit à l'Hymen une guerre éternelle.

Les Tectosages, qui n'étoient jamais sortis de cette contrée, fideles au premier objet qui les avoit enflâmés, s'empresserent à resserrer par des rits sacrés, les liens dont ils étoient unis ; mais une partie de ceux qui avoient passé en Grèce, lors de l'expédition de Delphes, ou qui avoient fait quelque séjour dans les Colonies étrangères établies sur les rivages de la mer, déjà corrompus à demi, tremblerent quand il fut question de prononcer le serment devenu nécessaire. Quelques-uns profitant de cette circonſtance , pour rompre une chaîne qui commençoit à les gêner , abandonnerent lâchement leurs anciennes Compagnes , pour s'en choiſir de nouvelles ; d'autres enviſageant ce même ferment avec les yeux de la politique , s'y ſoumirent avec une légèreté incroyable , dans l'eſpoir de le violer bientôt ſans ſcrupule ; il s'en trouva même , qui conſeillés par les Magnates , demeurerent perſuadés que ces ſermens ne devoient être ſacrés que pour le peuple , & pour les épouſes crédules.

L'impérieux fils de Vénus , jaloux des droits qu'il avoit toujours exercés ſeul dans ces contrées depuis tant de ſiècles , refuſa lui-même de partager un autel avec le nouveau Dieu , qu'on appelloit ſon frere , dans la crainte de légitimer en quelque façon ſon nouvel empire ; & la ſtatue de l'Amour qui avoit été retirée des débris de ſon ancien temple , & portée avec pompe ſur l'autel de l'Hymen , en diſparut pendant la nuit ; le jour ſuivant au lever de l'aurore , on la trouva renverſée hors de l'enceinte de ce même temple , où l'on eſſaya de la replacer , ſans que nulle force humaine y pût parvenir ; mais à peine le peuple eût-il crié qu'il falloit la reporter dans le bois ſacré , où ce Dieu avoit été adoré , que devenue plus légère , elle

céda au premier effort que l'on fit pour la relever,
dirigea elle-même sa marche vers son antique demeure, parut s'y reposer avec complaisance, &
par un nouveau prodige, articula ces mots.

» Loin de moi ces sombres murs par l'art éle-
» vés, tristes monumens de la servitude, & dignes
» du tyran qu'on y révère; c'est dans ce bois soli-
» taire, l'asile de la Liberté, des Ris & des Jeux,
» sous des berceaux de mirthe, que je prétens être
» adoré; ces gasons toujours frais, ces tapis tou-
» jours verds, qu'arrose en murmurant une onde
» fugitive, sont autant d'autels secrets, formés par
» la nature pour le bonheur des mortels; c'est ici
» que je me plais à les rassembler, que je reçois
» leur hommage, & que le Plaisir, cette ame de
» la vie, les unira toûjours par des chaînes de
» fleurs, en dépit des jaloux, & de mon prétendu
» frere.

Tant que l'Amour avoit règné seul en ces contrées, il s'étoit plû à y rendre son empire aussi doux
qu'agréable; mais depuis qu'il fut arrêté que des sermens faits à l'Hymen y alloient devenir plus sacrés
que les siens, il éteignit avec indignation son flambeau, & pour se mieux venger, courut le rallumer
à celui des Furies, doubla son bandeau du voile de
la Pudeur, après l'avoir bannie de son empire »

& jura de ne se nourrir désormais que de pleurs; on s'apperçut bientôt d'un si funeste changement, & Tolosis lui-même, ne tarda pas à sentir les traits de la vengeance de ce redoutable enfant.

Un jour que la jeune Reine venoit de l'invoquer en faveur de son époux, dont les feux languissans commençoient à s'éteindre, à peine le grand Prêtre de ce lieu révéré, le jeune Hérotas, eut ouvert les portes du sanctuaire, & d'une main timide guidé les pas chancelans de la Princesse, que tout-à-coup une flâme sécrette se glissa dans le cœur de la suppliante : les graces du printems brilloient sur le front du Ministre de la Divinité qu'elle alloit invoquer; une douce langeur animoit ses regards ; sa démarche étoit noble, aisée ; l'élégance de sa taille, serrée par un ruban pourpre, perçoit à travers la longue robe de lin qui le couvroit ; une troupe d'Amours, couronnés de fleurs, suivoient ses pas, le carquois sur l'épaule, & armés de flambeaux ; ce spectacle enchanteur, jette le trouble dans les sens d'Oréa ; les poisons de la Colchide ne font pas plus subtils, & la foudre qui fend la nuë, n'est pas plus prompte, que le trait qui pénètre le cœur de cette sensible Oréenne. Déjà son ame enivrée, ne respire que l'amour, & ses yeux oubliant le Dieu, ne voyent que son Ministre ; son fein palpite ; la pâleur fuccède aux rofes dont fes joues étoient colorées ; elle fuccombe au trouble qui l'agite ; on la tranfporte dans un petit bois folitaire , ou les Grâces & les Zéphirs compofent feuls fa fuite ; tandis que les uns parfument ces beaux lieux de leur haleine, les autres la débaraffent des ornemens dont fa poitrine eft oppreffée, & découvrent les charmes les plus féduifans : Morphée alors répandant fes pavots fur les yeux de la Princeffe , la livre aux douceurs du fommeil , & le grand Prêtre refte feul auprès d'elle.

O Hymen ! & vous fermens facrés dont ce Dieu fut témoin dans le temple qu'on venoit de lui ériger, qu'alliez-vous devenir , fans les Vertus qui marchoient fur les traces de la Reine ? elles triomphèrent fans doute , & la dégagèrent des pièges où l'Amour l'avoit entraînée ; mais ce ne fut pas fans peine, que j'arrêtai les propos indifcrets des Magnates, des Thémiliens, & fur-tout de Frivolidès , fur les fuites de ce voyage myftérieux.

Tolofis lui-même , ne fut pas fans allarmes ; il aimoit Oréa; & connoiffoit Hérotas ; il gémit fouvent en fécret , de la cruelle incertitude où fes efprits agités le plongeoient malgré lui - même , & finit par défendre à fa pieufe époufe , de rentrer jamais dans un temple fi dangereux.

Toûjours également occupé du bonheur de ſes ſujets, il en fit faire un dénombrement exact; tou leurs noms furent inſcrits avec l'état qu'ils profeſſoient, & il fut ordonné que chacun rendroit compte à la fin de chaque année, de ce qu'il auroit fait pour la ſociété; que les arts ſeroient honorés, & que leur prééminence ne ſeroit conſidérée qu'à raiſon de leur utilité; en conſéquence, tous les Etats furent ſubordonnés à celui du Laboureur; & les Artiſans eurent le pas ſur les Artiſtes, ſans égard à la vanité des prétentions de ces derniers.

Quant à ces grands maîtres de petits talens, ces dignes ſoutiens de la frivolité, qui font parler ſi haut leurs prétendus prodiges, on ne les toléra, que pour ſervir de tems-en-tems au délaſſement des Courtiſans & du peuple; mais ſous condition d'embraſſer en même-tems un état plus utile à la ſociété.

On convint d'un plan d'éducation pour les enfans, dont on règla les différens exercices, & même les plaiſirs, eû égard à leur âge; mais l'intérêt particulier, ce mobile puiſſant qui fait mouvoir tous les humains, ce tyran deſtructeur des plus grands empires, cet ennemi de la patrie, & de ce tendre attachement qui ne nous enflâme jamais aſſez pour elle, ne tarda pas à ſe montrer; il fit en peu de tems des progrès fi rapides, qu'il fallut lui oppofer le frein des loix. Outre l'or répandu par Fortunie, on avoit diftribué à chaque chef de famille autant de terre qu'il en pouvoit cultiver : bientôt ceux qui en avoient le plus, voulurent encore envahir celles de leurs voifins; de forte qu'on fut obligé de fixer par des bornes, les limites des différens hérita-ges; d'établir des poids & des mefures, pour règles communes de toutes les efpèces de marchandifes & de denrées, & d'impofer des peines à ceux, qui fourds à la voix de la bonne-foi, n'auroient que l'avidité pour guide.

Je vis bientôt jufqu'à des Tectofages féduits par l'exemple, renoncer aux douceurs de l'hymênée, pour ne point partager leur fortune avec une époufe aimable, je vis l'aveugle jeuneffe, au cor-tège bruyant, les entraîner; mais c'eft à la vieilleffe que je les attends, à cet âge, où le tems déchire enfin le voile dont les paffions environnent notre foible raifon; abandonnés alors aux foins de quel-ques efclaves intéreffés, leurs yeux mourans n'au-ront point la confolation d'être fermés par une main chere; leurs derniers regards verront fourire un avide héritier, qui comptera avec impatience les derniers inftans de leur vie; ils n'auront vêcu que pour eux, ils mourront fans être regrettés.

Je propofai à Tolofis de rayer ces membres parafites, du nombre de fes fujets; de ne les honorer d'aucun emploi public, dans l'efpérance qu'ils rougiroient de leur inutile exiftance; mais on les vit bientôt, à la honte de l'humanité, protégés & foutenus, dévorer dans la molleffe, le fruit des veilles de malheureux peres, qui pouvoient à peine fubvenir aux befoins d'une famille nombreufe & languiffante, l'efpérance de l'État.

Quelle foule de réflexions fe fuccédèrent alors dans mon efprit! Voilà donc, me difois-je en moi-même, ce bonheur que les richeffes apportent aux hommes! Les Tectofages étoient vertueux dans leurs déferts, ils n'y manquoient de rien; devenus riches, & renfermés dans cette ville naiffante, je les vois déjà livrés à la brigue, à la mifère, à l'injuftice!

Pour défendre & protéger l'innocence, il fallut bientôt, par la force, en impofer aux méchans ligués entr'eux; entretenir à cet effet, une milice toujours prête à marcher; pourvoir à la fûreté des Citoyens, & foutenir par quelques tributs la majefté du trône.

Jufques-là, chacun avoit porté volontairement au tréfor public la dîme de fes récoltes, de fes troupeaux; & cette dîme fagement adminiftrée, avoit paru fuffire aux befoins de l'État : mais la bonne-foi étant bannie, & l'amour du bien public éteint, l'intérêt particulier l'emporta fur le général; le fuperflu devint néceffaire, on diffimula fes reffources ; on cacha fon aifance, & l'on refufa au Prince ce que l'on prodiguoit au luxe.

J'avois fouhaité, que chez ces peuples devenus tous fujets d'un même maître, il n'y eût qu'une forte de tribut; mais les étrangers, déjà trop puiffans, & attachés à de prétendus privilèges de leur Nation, qu'ils cherchoient encore à multiplier, en dépit de l'ordre & du bien général, refufoient de s'en départir; ce qui étoit permis dans un canton, fe trouva défendu dans un autre; il faut efpérer que l'amour du bien public, devenu plus fort que les préjugés, portera quelque jour ces peuples à renoncer à des privilèges auffi vains, que deftructeurs de toute fociété, & qu'oubliant leur ancienne origine, ce même fentiment les ramenera un jour à confentir à un tribut fimple & uniforme. C'eft alors que tous fujets d'un même maître, & enfans d'un même pere, ils pourront parcourir fon domaine fans contrainte, commercer entre eux, & qu'ils n'auront plus d'autres barrières, que celles qui les fépareront naturellement des peuples voifins.

Je quittai enfin les Tectofages, au grand regret

de Tolofis, pour qui je conferverai toûjours l'amitié la plus tendre. Frivolidès eut bien fouhaité refter à Tolofe; mais l'aventure d'Oréa, fur laquelle il avoit eû l'imprudence d'un peu trop s'éguayer, lui avoit fait perdre les bonnes graces du Roi.

Nous fuivions les rivages de la Garonne, du côté de la partie occidentale, lorfqu'après plufieurs jours de marche, nous entrâmes dans le canton des Burdigaliens.

Au détour d'une coline tapiffée de verdure, j'apperçus un homme fur la cime d'une montagne efcarpée de toutes parts, & j'ofai entreprendre d'aller à lui; arrivé fur le haut d'un rocher, un précipice effrayant m'empêcha de paffer dans une petite cabane que je découvrois fur ma droite : mon étonnement redoubla, quand je vis fe baiffer vers moi une efpèce de pont qui m'en facilita l'entrée : un Vieillard, trifte & fombre, nous tendit la main, & nous conduifit dans une vafte caverne creufée dans le roc, dont la cime avancée & couronnée de lierre, offroit un afile affuré; un bois épais, percé de routes étroites & obliques, déroboit cette retraite à tous les yeux.

Quelle fut ma furprife à la vue d'une famille nombreufe, plongée dans la plus grande affliction! De jeunes hommes couchés fur leurs armes, paroiſſoient accablés des plus grands malheurs, & de jeunes femmes échevelées, pleuroient à leurs pieds, en tenant leurs enfans renverſés ſur leur ſein.

A notre aſpect, un profond ſilence ſuccéda aux gémiſſemens, tous les yeux ſe fixerent ſur nous; mais les larmes & l'accablement d'une jeune Néréide, qui toute occupée de ſa douleur, ſembloit ne prendre aucune part à notre arrivée, attirèrent toute mon attention; les grâces mêmes ſembloient avoir pris ſoin de la former, & la triſteſſe dont elle paroiſſoit pénétrée, ne la rendoit à mes yeux que plus intéreſſante : mon cœur, né ſenſible, s'ouvrit à la pitié; je voulus connoître les malheurs de cette infortunée, dans l'eſpérance de pouvoir peut-être, y apporter quelques ſoulagemens.

J'appris que Bourdalie (c'eſt ainſi que ſe nommoit cette aimable perſonne) avoit perdu depuis peu le jeune Médoc, dont elle avoit fait choix; que le jour même qu'un tendre amour les avoit unis l'un & l'autre, s'étant égarés dans la forêt voiſine, une troupe d'étrangers les y avoit ſurpris; que Bourdalie s'étoit échapée de leurs mains, tandis que Médoc diſputoit ſa liberté avec courage, mais que forcé de céder au nombre, il s'étoit vû contraint de ſuivre ſes raviſſeurs.

Attendri par les larmes de cette Néréide, &

touché des calamités qu'éprouvoient ces infortunés, j'essayai de les consoler.

» Généreux étranger, me dit Aquitain (c'étoit
» le bon Vieillard qui m'avoit introduit) puisque
» nos larmes t'ont touché, tu n'es point du nombre
» de nos persécuteurs; hélas ! je n'ai que trop
» vécu ! à mon grand âge, tu juges sans doute
» aisément que je suis le pere de ce qui reste de
» cette famille infortunée : je fus le premier de ces
» cantons qui, constamment attaché à une Né-
» reïde, l'engageai à vivre avec moi sous une
» même cabane; notre bonheur toucha les habi-
» tans de ces contrées, ils nous imitèrent; nos en-
» fans, parvenus à l'âge où la nature annonce le
» besoin d'aimer, firent un choix à leur tour, &
» se fixèrent à notre exemple, sur le rivage du
» grand fleuve que l'on découvre du côteau voisin.
» Je leur fis part des découvertes que je tenois
» du tems & de l'expérience; je leur appris que le
» hasard n'avoit point formé ces globes qui rou-
» lent sur nos têtes, ni cette terre qui nous pro-
» digue ses fruits; qu'eux-mêmes devoient leur
» existence à la bonté des Dieux. Mais hélas ! il
» faut bien que nous les ayons offensés ces Dieux,
» puisqu'ils nous ont abandonnés à la fureur des
» monstres les plus farouches.

Je

Je lui demandai quels étoient ces monftres : il me dit que c'étoient des hommes que l'Océan avoit vomis fur ce rivage ; que venus d'un autre monde placé au-delà des mers dans des climats brûlés par le foleil, ils avoient la peau noire, le nez épaté, & les cheveux crépus ; que jettés fur cette terre, dont ils fe prétendoient les fouverains, ils y avoient conftruit une grande habitation, où ils règnoient en maîtres ; que non contens de forcer les anciens habitans du pays à leur abandonner leurs cabanes, leurs champs, leurs fruits, ils enlevoient encore leurs femmes, leurs enfans, pour les traîner en efclavage dans le monde d'où ils venoient ; comme fi celui qu'ils appellent nouveau & peuplé par les Blancs, n'étoit fait que pour fournir des efclaves à l'autre (1).

» Par quelle puiffance inconnue, continua ce » Vieillard, tous les élémens font-ils foumis à des » cœurs fi pervers ! ces barbares commandent à la » mer même ; les tempêtes femblent refpecter les » machines qui les tranfportent fur le fein des

---

(1) Ce fait bien établi, prouveroit que les Nègres ont été civilifés autrefois comme les autres Nations, & que dans quelques fiècles, ils pourroient bien encore nous traiter comme nous les traitons aujourd'hui.

II. Partie.   B

» eaux ; les vents, dociles à leurs voix , enflent
» leurs voiles, & conduisent sur ce rivage à tra-
» vers mille écueils , ce peuple de tyrans , qui ne
» nous apporte que des fers.

Nous apprîmes encore de ces infortunés, qu'ils
ne vivoient que des fruits de la terre; que respec-
tant jusqu'à la vie des animaux qui peuploient leurs
forêts , ils n'avoient même jamais attenté à leur
liberté ; qu'ils ne retenoient près de leurs cabanes
que ceux , qui , plus amis de l'homme , ne paroiffoient paître autour d'eux, que pour les nourrir
de leur lait , & les vêtir de leurs toisons ; que les
fleurs étoient les seules victimes, dont leurs cœurs
simples osâssent charger les autels du grand Teutates ; mais que l'arrivée de ces étrangers, avoit
totalement changé la face d'une contrée , d'où
elle avoit banni la paix.

» Couverts d'armes étincelantes (continua le
» Vieillard) ils s'étoient répandus dans les cam-
» pagnes, ainsi qu'un torrent furieux ; les retraites
» les plus cachées, n'avoient point été à l'abri de
» leurs recherches ; le fer à la main , ils en enlevèrent
» bientôt les timides habitans, dont la fuite même
» devint un crime aux yeux de ces forcenés , & la
» mort frappa tous ceux qui tentèrent de se souf-
» traire à leurs fers ; les femmes , les enfans , de-

» vinrent les victimes de ces monftres ; une par-
» tie de ces infortunés fut entraînée fur leurs vaif-
» feaux ; l'autre, refta efclave dans fa propre pa-
» trie : fi on lui laiffa le foin des troupeaux, ces
» maîtres impérieux, après en avoir enlevé la laine
» pour fe vêtir, les dévorerent eux-mêmes, tandis
» que quelques fruits fauvages, étoient toute la
» nouriture de leurs pafteurs ; d'autres, plus malheu-
» reux encore, étoient forcés de fendre les rochers
» à la fueur de leur front, ou attelés au même
» char avec des animaux, conduifoient les pierres
» & les bois propres à conftruire des habitations à
» leurs tyrans.

Tel étoit le trifte fort du plus grand nombre des infortunés habitans de cette contrée, le refte difperfé dans les forêts les plus inacceffibles, à l'exemple d'Aquitain, y traînoit une vie lan-guiffante, dans la crainte continuelle d'un pareil fort.

J'appris encore, que la Cité que ces étrangers habitoient fur les bords du fleuve, à quelque dif-tance de la mer, s'appelloit Burdigala (1) ; du nom de ce canton, que cette Ville étoit bâtie en forme d'arc, autour d'un port commode que for-

___

(1) Depuis Bordeaux, ville bâtie aux bords des eaux.

moit la Garonne ; qu'une partie de ces étrangers ;
après avoir trouvé le fol propre à produire du
vin, y avoit planté de la vigne, dont le produit
étoit déjà l'objet d'un commerce confidérable avec
les Égyptiens & les Grecs ; que Bacchus enfin,
étoit la feule Divinité de cette Colonie ; que fon
temple y étoit fameux, & que plufieurs fêtes avoient
été inftituées en fon honneur.

Les naturels du pays, les Burdigaliens, ont du
courage ; il ne leurmanquoit qu'un Chef, qui eût
quelque connoiffance de la guerre ; j'offris de me
mettre à leur tête ; à ces mots, prononcés avec affu-
affurance, devenus tout-à-coup d'autres hommes,
ils parurent animés d'une nouvelle ardeur ; l'efpoir
rentra dans leurs cœurs abattus, & je fus regarde
comme un Dieu tutélaire qui venoit les venger.

Agen, jeune Burdigalien, vif & ardent, étoit
lié dès l'enfance avec Médoc, de l'amitié la plus
étroite ; les mêmes goûts, les mêmes inclinations,
n'avoient fait qu'en refferrer les nœuds ; tous les
deux fouffroient impatiemment le joug de ces noirs
Afriquains ; mais Agen, depuis la captivité de fon
ami, avoit contr'eux fenti croître fa haine, &
brûloit de la fignaler. A peine avois-je ouvert
l'avis de fecouer le joug des oppreffeurs, que me
faififfant la main avec tranfport : » Généreux mor-

» tel! me dit il, tu ne fais que me prévenir; le fort
» affreux de mon ami, me fera tout entreprendre;
» ordonne, marchons.

J'applaudis à cette noble audace; on jura de mourir les armes à la main, ou de ne les quitter qu'à la voix de la liberté, & cette intrépidité paſſa dans tous les cœurs.

Ayant appris que la fête de Bacchus étoit prochaine, que la Ville alors étoit livrée à la débauche, que c'étoit ſur les côteaux voiſins que ſe célébroient ces Orgies, & que les Vieillards ſeuls reſtoient dans la Cité nouvelle; ce tems me parut propre à l'exécution de mon projet; il s'agiſſoit d'en informer Médoc, & ſes nombreux compagnons d'infortunes, afin qu'il pût nous ſeconder.

L'impétueux Agen, que la crainte des fers ne peut épouvanter, offre d'aller l'en avertir dans Burdigala même.

D'autres ſe diſperſent dans les forêts voiſines, pour prévenir tous ceux qu'un même malheur intéreſſe à cette révolution, & je me trouve en peu de tems, à la tête d'une jeuneſſe nombreuſe, dont je forme une troupe formidable.

Un événement imprévu, faillit déconcerter nos plus juſtes meſures; Agen s'étant avancé ſeul dans les environs de la Ville, fut fait eſclave » ainsi qu'il l'avoit projetté, mais au lieu d'être conduit à Burdigala, son nouveau maître le destina à passer les mers, aussitôt que les vents, qui jusqu'alors avoient été contraires, permettroient de mettre à la voile : le bonheur voulut cependant, qu'il trouva Médoc sur le même vaisseau, avec un grand nombre d'autres infortunés ; instruits par Agen d'un projet si sagement concerté, tous gémirent de ne pouvoir contribuer à son heureuse exécution ; car outre qu'ils étoient hors de la Ville, un vent favorable pouvoit à chaque instant s'élever, & les porter en pleine mer, avant le jour marqué pour l'attaque préméditée, & dont le succès leur deviendroit inutile. Ce qui les affligeoit le plus, étoit de ne pouvoir nous informer d'un contretems, dont nous-mêmes pouvions devenir les victimes.

Cependant le jour marqué s'approchoit, & j'étois dans la plus vive inquiétude de ne point recevoir de nouvelles ; résolu de ne me point départir de mon projet, je profitai du peu de tems qui me restoit, pour faire mes dispositions.

Je commençai par offrir à Bacchus un sacrifice, dans le silence des bois ; je lui promis que son culte continueroit d'être toujours sacré chez les Burdigaliens, & que tous les ans, à pareil jour, ses

Orgies feroient également célébrées fur les côteaux voifins, fi pardonnant le trouble qu'on étoit
forcé d'y porter pour cette fois, il vouloit nous
donner la victoire.

Déjà les noires Afriquaines, couronnées de
pampre, armées de flambeaux & de thirfes, pré-
venant le lever de l'aurore, parcouroient les campagnes, & femblables à des Furies, faifoient retentir les forêts des mots facrés, *Evhoé! Evan!
Evhoé! Bacche!* tandis que les jeunes Négreffes,
parées de guirlandes de lierre, & les cheveux hé-
riffés, chantoient autour des murs de Burdigala,
des hymnes en l'honneur du Dieu du Vin.

Inftruit de ce qui fe paffoit, par des efpions
que j'avois envoyé à la découverte, je crus ce
moment favorable, pour me mettre en marche à
la tête des Burdigaliens; les uns prefque nuds, la
tête couverte de peaux de loups, où pendoient
encore les dents, & le corps peint de diverfes
couleurs, marchoient fans ordre, fecouant d'é-
normes maffues d'un bois dur & noueux, ou de
longs javelots ferrés; les autres, plus preffés &
rangés en files, portoient des frondes qui lançoient des cailloux avec tant de vigueur, que la
trace s'en perdoit dans les airs; d'autres étoient
armés d'un morceau de bois pointu durci au feu.

pour frapper de près, ou d'une espèce de dard,
attaché au poignet avec une courroie, pour le
retirer à eux-mêmes après l'avoir lancé : ces derniers, étoient ceux qui après s'être échappés aux
fers des Afriquains, avoient retenu d'eux cette
façon de se battre ; une troupe nombreuse, mon-
tée sur des chevaux sans frein, & armée à la légère,
fermoit cette espèce de marche.

Après avoir traversé dans le plus profond silence,
une vaste forêt, qui conduisoit jusqu'à la porte de
Burdigala, je découvris cette orgueilleuse Cité,
dont le peuple sortoit en foule, suivi & précédé
des noires Bacchantes, qui remplissoient l'air de
leurs cris.

J'attendis pour pénétrer dans la Ville, qu'elle
fût dégarnie d'habitans, & qu'il n'y restât que les
Vieillards, les enfants & les malades.

Nous y fondîmes avec une ardeur incroyable, à
la faveur du rideau de bois qui nous couvroit de ce
côté ; l'aigle qui poursuit sa proie, ne vole pas d'un
aîle plus rapide ; quoiqu'accoutumé dès l'enfance
à la course sur le mont Ida, & que j'eusse toujours
excellé dans cet exercice, j'eus peine à suivre cette
impétueuse jeunesse, qui après s'être emparée des
portes, avoit déjà massacré tout ce qui s'étoit
trouvé sous sa main, lorsque je la joignis. Une

autre de nos troupes, qui par mon ordre étoit restée dans la forêt, se répandit auſſitôt dans la plaine.

Les Afriquains étonnés, & par-tout ſurpris par leurs propres eſclaves qui s'étoient joints à nous, abandonnent alors les côteaux ſacrés ; les ſacrifices ſont troublés ; le peuple regagne ſes remparts, dans l'eſpérance d'y trouver un aſile & des armes ; mais à peine y eſt-il entré, qu'environné, aſſailli, de toute part, il rencontre par-tout la mort.

Quoiqu'enchanté de ce ſuccès, j'étois dans la plus vive inquiétude ſur le ſort d'Agen & de Médoc, que mes yeux cherchoient vainement ; Bourdalie fondoit en larmes ; & les appelloit à grands cris ; ſes yeux ſe détournoient avec effroi des cadavres qui jonchoient les rues, dans la crainte d'y reconnoître ſon cher Médoc.

Cependant les Afriquains ſont eccablés de toute part, & l'épouvante les entraîne ſur leurs vaiſſeaux, mais toûjours ſuivis par leurs vainqueurs.

Ce fut alors qu'Agen & Médoc, ayant ſçû mettre à profit la liberté que leur procuroit la fête du jour, après avoir déſarmé leurs foibles gardes plongés dans l'ivreſſe, & rompu les fers de leurs Compatriotes, parurent ſur les ponts des vaiſſeaux, & en écartèrent les fuyards à coup de haches : ceux-ci se trouvant sans défense au milieu de leurs ennemis, à qui une juste vengeance mettoit les armes à la main, sans pouvoir espérer d'en obtenir aucune grace, & dans le desespoir où les jettoit cette étonnante révolution, ne sachant plus où tourner leurs pas, se précipitèrent dans les flots, & délivrèrent pour jamais ces belles contrées de leurs cruels ennemis.

Bourdalie attentive à tout, n'entend pas plutôt prononcer le nom de Médoc vainqueur, qu'elle vole dans ses bras.

C'est ainsi que cette redoutable Colonie perdit en un jour, un établissement qui lui avoit coûté tant d'années & de travaux, pour s'être abandonnée aux excès les plus crians contre les anciens habitans du pays, dont ils eûssent pû gagner l'affection, en les traitant avec plus d'humanité.

Mon premier soin, après cette grande victoire, fut d'offrir à Bacchus les dépouilles des vaincus, & d'ordonner qu'on recommençât le lendemain les saintes Orgies, qui avoient été troublées par ce combat sanglant.

Quel doux spectacle pour mes yeux, que celui de ce peuple reconnoissant, qui dans la première ivresse de sa liberté recouvrée, me nommoit son libérateur & son pere! Quelle satisfaction sécrette

n'éprouvai-je pas, au moment que l'aimable Bourdalie me préfenta fon cher Médoc! C'étoit aux
larmes touchantes de cette fenfible Néreïde, qu'on
devoit cette importante révolution.

Je comblai le généreux Agen des éloges que
méritoit fon héroïque amitié; & ce fameux événement fut confacré à la poftérité, dans un monument auffi riche que durable. Les Burdlgaliens ,
au lieu de ces pauvres cabanes , où ils avoient
traîné fi longtems une vie auffi languiffantc que
miférable, fe trouvèrent dans une ville opulente,
où règnoit par-tout l'abondance. J'exhortai ces
peuples laborieux , à vivre dans l'union la plus
étroite , fous la conduite du refpectable Aquitain (1) Ils vouloient me retenir parmi eux ; mais
dès la nuit fuivante , je m'arrachai à leurs empreffe-
mens avec mes Compagnons , n'ayant d'autres
défirs , que celui de rejoindre ma chere Œnone &
mon fils.

Nous continuâmes notre route , fans qu'il nous
arrivât rien de remarquable , jufqu'à l'embouchure
d'un grand fleuve , nommé Ligeris, (1) qui après

---

(1) Aquitain , Médoc & Agen , font vraifemblablement
les héros qni ont laiffé leurs noms, à l'Aquitaine , au Médoc
& à l'Agénois.

(1) Aujourd'hui la Loire.

avoir traversé une partie de cette vaste contrée,
va se perdre dans l'immensité des mers; je ne cher-
chai point à le passer en cet endroit, ayant appris
que l'autre rive étoit habitée par les Armoriques,
peuple aussi farouche que cruel.

J'admirai la vaste étendue de ce fleuve majes-
tueux, dont l'œil découvre à peine la rive opposée; nous le suivîmes le long des immenses plaines
des Tourainiens, peuple doux & humain, qui vit
des fruits délicieux, qu'il cultive sur un sol aussi
fertile qu'agréable, & qui habite avec d'aimables
Néréïdes, sous des rochers qu'il sçait creuser avec
un art infini (1) : nous parcourûmes encore le
long du Ligéris de vastes solitudes, où nous ren-
contrâmes quelques hordes de Sauvages, qui vivent uniquement de leur chasse & de la pêche.

Nous traversâmes ce fleuve chez les Auréliens
sur un de leurs canots, & ce ne fut qu'après plusieurs jours de marche, à travers les forêts des Sénoniens, que sans avoir pû rien apprendre de mon
épouse & de mon fils, le hasard nous conduisit
enfin sur les bords fortunés de la Seine, où mon
heureux destin me fit enfin vous rencontrer.

Toute l'assemblée remercia Pâris de sa complai-

____

(1) Il reste encore dans le pays plusieurs de ces habitations souterraines.

fance; Plancée l'affura, que touchée de fes malheurs, elle feroit trop heureufe, fi elle pouvoit les
lui faire oublier, & n'épargna rien pour y parvenir. C'étoient chaque jour de nouvelles fêtes, pendant lefquelles la chafte moitié du pieux Énée,
l'aimable Creüfe, fit quelque trève à fa mélancolie, & Frivolidès qui s'étoit repris de goût pour
elle, mettoit tout en ufage pour charmer les ennuis
de cette Princeffe.

Parmi les pièces curieufes que la Reine confervoit
dans fon cabinet de mécaniques, on voyoit un optique admirable, chef-d'œuvre unique en fon genre,
& dont Fétiffe avoit fait préfent à fa fille pour fes
menus plaifirs; cet immortel ouvrage étoit fur-
monté par un globe terreftre, d'une ftructure fi
merveilleufe, qu'en le tournant du côté qu'on
vouloit parcourir, cette partie de la terre paffoit
en revue devant vous, & s'y fixoit à votre volonté,
au moyen d'un fimple reffort.

Un foir qu'on avoit épuifé le cercle étroit des
fêtes, ce qui eft très-poffible même à la Cour, &
que la nuit ayant déjà fait plus de la moitié de fon
cours, les gens fenfés avoient quitté le falon, où il ne
reftoit que les agréables, pour qui les matinées font
de trop dans le jour; Frivolidès dont l'imagination
étoit en pareil cas d'une reffource infinie, pria la

Reine de faire apporter ſon optique pour amuſer les Dames ; ce qui fut reçu avec applaudiſſement par la Compagnie.

Après que chacun eut fait l'éloge de ce merveilleux inſtrument, Frivolidès le tourna de façon, que le globe préſenta aux yeux de l'aſſemblée, non-ſeulement les rivages de Troye, mais la Grèce même, & toute cette mer intérieure, où les vents promenoient les vainqueurs ainſi que les vaincus.

Le premier objet qui frappa l'œil des curieux, fut l'Iſle de Circé, qui leur parut un ſéjour digne des Dieux ; à peine ils en parcouroient les boſquets délicieux, qu'ils y vìrent le ſage Uliſſe, aux pieds de l'Enchantereſſe qui règnoit en cette Iſle ; on rît beaucoup de la foibleſſe de cet éternel moraliſeur, & de l'air gauche avec lequel il faiſoit le galant ; on blâma généralement le mauvais goût de Circé ; autant valoit-il, diſoit Frivolidès, n'avoir point empoiſonné ſon époux, que de ſe voir réduite à une auſſi mince fortune.

Cependant le globe en continuant de tourner, préſenta tout-à-coup l'Iſle d'Itaque ; & les Dames, toújours pleines de charité pour leur ſexe, après avoir cherché la chaſte Pénélope, la trouvèrent nonchalamment panchée ſur un triſte métier, défaiſant la nuit ce qu'elle avoit fait le jour, en attendant fon cher Uliffe ; mille brocards furent alors lâchés fur fa fotte conftance , & fur fa trifte pruderie ; Creüfe feule , ofoit défendre & louer la vertu de cette belle Grecque , lorfque Frivolidès qui cherchoit par-tout la flotte d'Énée , la trouva dans un port d'Afrique , & bientôt le pieux Énée lui-même , qui pour fe mettre à l'abri d'un orage imprévu , s'étoit retiré avec Didon dans cette miftérieufe grotte , où la chronique fcandaleufe a dit depuis , que l'Amour les avoit conduits.

Creüfe , à qui Frivolidès avoit eû foin de le faire obferver , ne cacha pas mieux fon indignation que fa furprife ; & Plancée pour mettre fin à l'embarras de l'époufe d'Énée (fous prétexte qu'il étoit tard), rompit tout-à-coup l'affemblée , & fe hâta de renfermer le trop dangereux optique.

Les Troyens de la fuite de Pâris regardoient la nouvelle Illion, comme le terme de leurs courfes , & fe promettoient tout de la protection dont Fétiffe honoroit cette Colonie , en faveur de l'hymen de fa fille avec Francus.

On alloit renouveller les jeux Hymenéens , qu'on célébroit tous les printems en mémoire de cette heureufe alliance ; ce couple fortuné voulut étaler aux yeux de Pâris , toute la pompe dont ces fêtes étoient fufceptibles.

Au jour prefcrit, l'aurore avoit à peine annoncé le retour du foleil, que tout le peuple déjà hors des murs, & les yeux tournés vers l'Orient, fit retentir les airs de mille cris de joie.

Francus alors avec cet air majeftueux qu'accompagne prefque toujours la grandeur fouveraine, couvert d'un cafque Phrygien, & revêtu d'une armure éclatante, parut au milieu des Druides avec Pâris & Parifis, que fuivoient les principaux Seigneurs, parmi lefquels étoient Tolonius, Bocaris, Eufémus & Frivolidès, portant en main des branches d'olivier.

Les femmes de la Cour, conduites par Plancée, Gallie & Naïs, venoient enfuite, couronnées de fleurs, & vêtues de longues robes de foye, en chantant l'hymne du Soleil; la victime ornée de guirlandes, les fuivoit fous la conduite des Eubages; c'étoit une biche de deux ans, dont les cornes luifantes & recourbées, formoient un croiffant parfait; les enfans des deux fexes, douce efpérance de la Colonie, les cheveux entrelaffés de bandelettes, fuivoient en filence les Sacrificateurs, & le peuple fermoit cette marche, en mélant fa voix aux chants des Bardes.

Le facrifice achevé, le Chef des Prêtres, en long habit de lin, chargea, felon l'ufage, la victime de

malédictions,

malédictions; en priant les Dieux d'accumuler sur elle, tous les malheurs qui pouvoient encore menacer les infortunés fils de Priam.

On se rendit de-là, & dans le même ordre, au lieu destiné à la célébration des jeux Hymenéens.

Pâris, surpris du grand nombre de femmes charmantes qui embellissoient cette fête, apprit de Francus, que ces jeunes beautés étoient autant de présens de la puissante Fétisse, son illustre protectrice; que la plupart de ces Néréïdes, avoient été les Compagnes de Plancée, dès leur plus tendre jeunesse; que sa mere les lui avoit données pour être autant de prix, proposés aux superbes tournois qui suivirent son mariage; que chaque année, à pareil jour, on renouvelloit cette fête, sous le nom de jeux Hymenéens, & que la Fée continuoit d'y envoyer vingt jeunes Néréïdes, pour être unies à vingt des jeunes habitans de la nouvelle Troye.

Au nord de cette Ville naissante, se trouve une plaine agréable, qu'un tapis de verdure rendoit des plus propres à la course; on avoit formé autour un double rang de banquettes de gason, que des arbres touffus garantissoient des rayons du soleil; à l'une des extrémités de cette prairie, étoit un temple de forme ronde, dont la coupole foutenue fur huit colonnes, laiffoit voir l'intérieur; au milieu, & fur un pied d'eftal, s'élevoit la ftatue de Fétiffe, en marbre noir.

A l'autre extrémité de l'enceinte, étoient affifes fur la droite, les jeunes Néréides qui devoient difputer à la courfe leur liberté; vêtues de longues robes blanches, ouvertes par les côtés & agraffées fur le genouil, une ceinture de fleurs preffoit leur taille divine, & en marquoit l'élégance; une couronne de mirthe ceignoit leurs têtes, un ruban retenoit leur chevelure, leurs mains portoient des guirlandes.

Les jeunes prétendans, habillés à peu près de même, mais bien plus leftement, avoient la tête nue, les cheveux courts, & portoient une branche d'olivier, comme pour annoncer que cette efpèce de guerre, conduifoit toûjours à une paix prochaine; dans leurs yeux brilloit cette vive impatience, qui caractérife l'amour; chacun fixoit celle des Néréides, qui faifoit l'objet de fes vœux: Frivolidès, en habit de fête, s'étoit mêlé à cette troupe galante, & toûjours fûr de plaire, il parcouroit déjà des yeux les jeunes Néréides, dont il fe flattoit intérieurement, de réunir les fuffrages en fa faveur.

On plaçoit fucceffivement une de ces Néréides

à vingt pas en avant de la lice ; là , exposée seule aux regards de tous les prétendans, ceux qui aspiroient à sa main, entroient dans l'enceinte avec elle , se tenoient à la barrière , & partoient ensemble , au moment où le signal étoit donné ; celui qui atteignoit le premier la Néreïde , avant qu'elle eût touché le seuil sacré de la Rotonde , lui enlevoit sa guirlande, s'en faisoit une couronne, pour marque de sa victoire , & la conduisoit aux pieds de l'autel de Fétiffe, où le Chef des Druides recevoit leurs sermens , après les avoir environnés plusieurs fois, d'une chaîne de roses armées de leurs épines.

Si la Néreïde gagnoit la première les marches du Temple, tous les prétendans tomboient à ses pieds, à mesure qu'ils arrivoient, & c'étoit elle qui couronnoit de sa main , celui qu'elle honoroit de son choix ; elle pouvoit même se vouer au service des autels, & manifestoit sa volonté, en embrassant le pied de la statue de Fétiffe ; alors on la couvroit d'un voile, & elle étoit admise au nombre des Prêtresses.

Tel étoit l'ordre & les statuts des jeux Hymenéens, dont le spectacle m'amusa, m'intéressa vivement, & où la fatuité de Frivolidès , produisit des scènes aussi ridicules, qu'elles seroient longues à raconter.

Douze Néréïdes avoient déjà été unies à leurs vainqueurs, lorſqu'il ſurvint tout-à-coup un événement qui attira l'attention des ſpeĉtateurs ; Métide à genoux ſur les marches du Temple, & tenant ſa couronne à deux mains, prétendoit que v ĉtorieuſe & arrivée la première, c'étoit à elle à nommer ſon vainqueur ; elle en prenoit à témoins tous ſes prétendans, & ſur tout Frivolidès, qui la ſuivoit de près ; celui-ci flatté d'être pris pour juge , & perſuadé que c'eſt en ſa faveur que Métide refuſe de ſe rendre aux vœux de Caris, ſoutient hautement qu'elle a touché la première les marches du Temple, & la déclare libre de faire un choix ; tous les autres concurrens, dans l'eſpérance d'obtenir encore un prix qu'ils avoient déjà perdu, applaudirent à ce jugement ; le jeune Caris, ſeul de ſon parti, aſſuroit de ſon côté, qu'il avoit touché cette belle, avant qu'elle eût mis le pied ſur le premier dégré , & ſoutenoit ſes droits avec un feu, qui annonçoit toute la vivacité de celui qui s'étoit allumé dans ſon cœur ; les larmes de Métide le déſeſpéroient, en ne lui préſageant que trop ce qu'il en devoit attendre.

On accourt de toutes parts ; les Courtiſans s'approchent , ſe rangent en foule autour de la Rotonde, & Pâris, nommé Juge par Francus ,

décide que dans le doute , la belle Métide doit
rester maîtresse de son sort , se choisir un époux ,
ou prendre le voile des Vierges ; chacun applaudit
à ce jugement.

Frivolidès , qui avoit concouru , sûr d'obtenir
l'aveu de cette Néréide , & dans l'entousiasme qui
le transporte , fait déjà part de son bonheur à ses
amis , en regardant d'un air triomphant la belle
Métide comme sa conquête , l'espérance qui s'é-
teint dans le cœur du passionné Caris , s'acroît
chez ses rivaux ; tous tombent aux genoux de cette
fière beauté , qui tenant sa couronne à la main ,
triomphe de la liberté qu'elle a d'en disposer à son
gré.

On attendoit avec impatience qu'elle nommât
son vainqueur , lorsqu'au grand étonnement de
toute l'assemblée , elle courut se jetter dans les bras
de Caris, retiré à l'écart, & confondu dans sa douleur , il n'avoit pas même osé se mettre sur les
rangs, pour disputer encore à ses rivaux, une couronne qu'il s'étoit vû arracher si cruellement par
Métide elle-même ; elle aimoit Caris dans le secret
de son cœur , & les larmes de cet amant passionné
n'avoient fait que le lui rendre plus cher encore ,
mais elle vouloit qu'il tînt d'elle seule son bonheur ; tout le monde applaudit à la délicatesse de

cette belle; chacun approuva fon choix , & Francus le confirma aux yeux de Frivolidès, qui traita de caprice la conduite de cette Néreïde, dont il étoit , difoit-il, fûr de l'affection, & d'un ton fuffifant , remit à fe venger après l'hymen.

Les autres courfes s'achevèrent dans le même ordre , & ces jeux ne ceſſerent qu'au coucher du foleil; les Néreïdes fuivirent alors leurs Vainqueurs fous des tentes nuptiales; l'Hymen les éclaira de fon flambeau , & le tendre Amour lui prêta fon bandeau , pour eſſuyer les larmes de celles qui pleuroient leur liberté ravie.

Francus, dans le fein d'une paix profonde , enchanté de raſſembler dans les nouveaux murs qu'il élevoit, les malheureux reſtes de Troye, & plein de l'efpérance de voir renaître fous de plus doux aufpices un autre Illion , en pouſſoit les travaux avec la plus grande chaleur; de tous les édifices qui s'élevoient par fes foins & les fecours de Fétiſſe, le plus remarquable étoit le temple de Plutus; l'époux de Plancée étoit trop épris de ce chef-d'œuvre de l'art, digne depaſſer à la poftérité la plus reculée, pour n'en pas faire remarquer à fes hôtes, jufqu'aux moindres détails.

L'or brilloit de toutes parts fur la longue fuite de colonnes qui formoient fon périftile; ce Temple

poſé ſur la croupe d'une montagne eſcarpée, communiquoit d'un côté, de plein pied au palais du
Roi, par la porte des faveurs, dont la garde ainſi
que la Clef d'or étoit confiée à de jeunes beautés,
qui ſembloient formées par les Grâces ; c'etoit
par là, que les favoris du Dieu arrivoient juſqu'au
Sanctuaire, ſans peine ainſi que ſans mérite : l'intérieur où brilloit plus de richeſſes que de goût, ne
ſurprit pas moins Pâris.

Un tas de vils flatteurs qui ſuivoient le Roi,
profitèrent de cet inſtant, pour ſe gliſſer dans ce
Temple, par les ſécrettes iſſues qui y conduiſoient
de ſon palais, & pour s'attacher aux chars des
jeunes beautés, à qui la Clef d'or étoit confiée.

La principale entrée étoit dans l'endroit où
le rocher étoit taillé à pic, ce n'étoit qu'après
mille travaux, & après avoir ſurmonté mille obſtacles, qu'on parvenoit à y entrer ; c'eſt-là que
les favoris de Plutus, par une ſuite de leur bonheur, faiſoient encore des heureux ; eux ſeuls
avoient l'entrée du ſanctuaire, & ce n'étoit qu'à
ceux qu'ils regardoient d'un œil propice, qu'on
ouvroit les vingt barrières, qu'il falloit paſſer en
rampant, pour parvenir juſqu'à eux.

On y voyoit des Vieilles, ridiculement parées ;
& qui amplement pourvues d'or, le prodiguoit à

de jeunes étourdis, qui feignoient de brûler pour elles.

Plus loin, de riches partifans, quittoient pour ces vieilles idôles, les plus aimables Néréides, qui de leur côté, fe livroient à leur exemple, à de riches Vieillards.

Locuplès applaudit beaucoup à la magnificence de ce Temple, & promit bien d'aller fouvent offrir fon hommage à la Divinité qu'on y adoroit, fi le vif empreffement que marquoit toujours Pâris d'aller chercher Œnone, n'y mettoit obftacle.

Parifis & Gallie, flattés du bonheur de revoir cette tendre mere, s'en occupoient également, lorfqu'un événement imprévu, leur coûta bientôt des larmes.

Le refpectable Cébren, ce tendre pere de la vertueufe Œnone, accablé de fatigues & d'années, termina enfin fa carrière. Pâris & Parifis en furent inconfolables; le deüil fut général, & les honneurs funèbres qu'on lui rendit, furent dignes de celui qui en étoit l'objet.

Francus fit élever avec la pompe la plus recherchée, un immenfe bucher; & les cendres recueillies dans une urne précieufe, furent dépofées dans un magnifique tombeau, autour duquel on planta

mille cyprès, qui formèrent par la suite des tems,
la forêt sacrée, que les Druides choisirent en cette
contrée pour l'asile de leurs Dieux, & pour le
lieu d'assemblée de la Nation.

LIVRE HUITIÉME.

Paris avoit trop de fois entendu raconter les prodiges de la puiſſante Fétiſſe, pour ne pas déſirer de la voir ; il ſavoit que verſée dans l'art des enchantemens, elle avoit encore celui de connoître l'avenir ; il pria donc Francus de le conduire chez cette Souveraine, dans la confiance qu'elle pourroit l'inſtruire du terme que les Deſtins avoient mis à ſes malheurs, ainſi que du ſort d'Œnone, unique objet de tous ſes vœux. Son fils & les autres Troyens de ſa ſuite, auſſi impatiens que lui d'être inſtruits de leur deſtinée, ſuivirent Pâris & toute la Cour, au milieu d'un nombreux & brillant cortège.

Dans le fond d'une antique forêt, dont la ſombre obſcurité inſpiroit l'horreur, étoit un vaſte labyrinthe, que mille routes embaraſſées de précipices, d'abîmes, de torrens & de rochers, déroboient à la vue des mortels ; c'étoit-là que la puiſſante Fétiſſe, des antres profonds d'une caverne ténébreuſe, faiſoit entendre ſes oracles. Cent monſtres ſauvages, gardoient les avenues de ce lieu redoutable ; mais ces obſtacles n'étoient pas faits pour arrêter les conducteurs de Pâris ; Plancée n'eût qu'à parler, ces monſtres s'adoucirent à la voix de la fille de leur Souveraine ; les rochers s'écartèrent d'eux-mêmes, les précipices disparurent, & les routes s'aplanirent; le fils de Priam étonné de ces prodiges, en rendit graces à Plancée: ils traverserent une riante prairie, émaillée de fleurs odoriférantes, coupée de mille ruiffeaux, bordés de bofquets agréables, qui fe répétoient fur la furface des eaux, qu'à peine un doux zéphir agitoit de fon haleine. Près de-là, le chant des roflignols fe faifoit entendre fous des berceaux fleuris, où règnoit un printems éternel.

Au détour d'un bois d'orangers, ils apperçurent les jardins délicieux & le palais enchanté de la Fée, que mille colonnes où brilloient toutes les couleurs de l'Iris, foutenoient dans les nues; l'or & le marbre répandus avec profufion, rendoient de toutes parts un éclat éblouiffant. Fétiffe, au milieu de la Cour la plus brillante, reçut Francus & fa fuite: courbée fous le poids des années, fa tête entourée d'une immenfe coëffure, & panchée fur fa poitrine, fembloit enfevelie dans fes épaules; une large ceinture noire, foutenoit les replis d'une longue mante bleu célefte, fur laquelle étoient tracées mille chiffres magiques; fes premiers regards fe fixèrent avec tendreffe fur Plancée, qu'elle ferra contre fon fein. & les tournant vers l'affemblée:

» Que vois-je, s'écria-t'elle, en remarquant

» Pâris, n'eft-ce pas là ce Troyen, dont l'impru-
» dente jeuneſſe a coûté la vie à tant de héros?
» Vient-il renouveller dans ces contrées, les hor-
» reurs dont le Xante & le Simoïs ſont encore
» effrayés? Mais non, le voile tombe, & l'avenir
» ſe découvre à mes yeux; quel heureux préſage!
» La Barbarie, fille de l'Ignorance & du Cahos,
» quitte enfin à regret les antres obſcures qu'elle
» s'étoit creuſés ſous les vaſtes rochers qui couvrent
» ces déſerts; forcée dans ſa dernière retraite, en-
» chaînée par les Arts ſur un tas de ruines, je la
» vois s'éloigner pour jamais de ces lieux; mille
» peuples divers, raſſemblés ſous un même Chef,
» ne forment plus qu'un même empire! Ces tems,
» Pâris, ne ſont pas éloignés; tu reverras Œnone,
» mon art vous remettra l'un & l'autre au printems
» de votre âge, & tels enfin que vous étiez le jour
» qui fut témoin de vos triſtes adieux: oui, tu
» reverras ces graces touchantes, qui allumèrent
» tes premiers feux, elles embrâſeront encore ton
» ame: j'effacerai du livre du Deſtin, le tems qui
» vous a féparés; j'allongerai enfin, les fils de deux
» ſi belles vies, & ſçaurai en écarter les nuages, qui
» juſqu'ici ne les ont que trop longtems troublées;
» de vous, naîtra une foule de ſages Monarques
» & de Héros fameux. Pars, & ſuis l'heureux cours

» du fleuve qui baigne ces plaines ; il va te con-
» duire au terme de tes vœux , je te promets
» mon appui ; mais maintenant n'exiges rien de
» plus : la main du Tems rabaisse tout-à-coup le
» voile impénétrable , qu'il n'avoit fait qu'entrou-
» vir à mes yeux.

A ce discours, Pâris, comblé de joie, s'efforce envain d'exprimer à son gré, l'excès de sa recon-noissance. La Fée , après l'avoir rassuré de nou-veau sur ses craintes, continua ainsi.

» Suivez-moi, mes enfans ; ce n'est point par de
» stériles spectacles, fruits du luxe & de la mollesse ,
» que je veux charmer vos loisirs, & vous mani-
» fester ma puissance. Nés pour remplir les plus
» grandes destinées, je frapperai vos yeux d'objets
» plus dignes de vous & de moi ; allons ensemble
» au Temple de la Gloire.

A la voix de Fétisse, une épaisse & sombre forêt s'offre aux regards étonnés des Troyens ; ils en parcourent les différentes routes, & découvrent de riches portiques , ainsi que d'innombrables co-lonnades, qui aboutissent à un Temple d'une vaste étendue, & d'une architecture plus brillante que solide ; c'étoit le séjour de Gloriole.

A peine Pâris & son fils ont mis le pied sur le premier dégré , que la Présomption vient les y recevoir , vêtue d'une robe légère où brille le clinquant, & les conduire dans l'enceinte du premier parvis, à travers un brouillard épais , qui laiſſe à peine diſtinguer les objets.

Le curieux Pariſis, peu ſatisfait de voir, voudroit toucher ce qui charme ſes yeux ; mais rien n'eſt palpable, & tout fuit ſous ſa main.

Parmi les différens ornemens de cet édifice , on voit de grandes glaces ſuſpendues aux murs, en forme de tableaux ; c'étoit ſur ces fragiles ſuperficies, que ſe peignoient les protégés de Gloriole ; il ne leur en coûtoit que la peine de s'y regarder ; ſatisfaits de leur mérite, ils s'y contemploient quelque tems , mais à peine s'en éloignoient-ils , que leur figure en diſparoiſſoit avec eux.

Frivolidès , qui parcouroit ce Temple en amateur, en détailloit les différens objets avec tranſport, & flatté de s'y voir par-tout dans les glaces, avec les attitudes agréables qu'il ſe donnoit, il s'écria tout-à-coup : ô divine Fétiſſe ! il eſt donc au monde un endroit où le vrai mérite eſt ſûr enfin d'être recompenſé !

Le fils d'Œnone remarqua pluſieurs mortels qui venoient de fort loin pour ſe préſenter à ces glaces, & qui ſe flattoient de s'y voir à jamais gravés ; ſurpris de leur folie, il voulut connoître la Divi-

nité qu'on adoroit dans ce Temple, & la Prêtreſſe
lui montra ſur un autel de verre, un léger nuage
de fumée, qu'exhaloit un feu follet, toujours prêt
à s'éteindre.

» Quoi! s'écria Pariſis, voilà donc ce que c'eſt
» que la Gloire! C'eſt après cette fumée que cou-
» rent tous ces mortels empreſſés, au péril de leur
» vie? C'eſt pour ce vain phantôme, & ces phoſ-
» phores ridicules, que tant de Héros abandonnent
» leurs épouſes, leurs enfans, & tout ce qu'ils ont
» de plus cher!

» Tu te trompes, jeune homme, lui dit Fétiſſe,
» ce n'eſt encore ici que le Temple de Gloriole,
» jeune Fée, auſſi vaine que ſuperficielle, & dont
» l'empire s'étend ſur tous les hommes médiocres
» en tout genre; fille du Bel eſprit & de la ſotte
» prétention, elle entreprit un jour de ſupplanter
» la vraie gloire; mais trop foible pour atteindre
» juſqu'à ſon trône, & frappée de l'éclat des
» rayons qui ſortoient de ſes yeux, elle eſt reſtée
» ſur le penchant de cette coline, & s'y eſt élevé
» cet eſpèce de Temple, qui n'eſt que l'eſquiſſe de
» celui de ſa rivale. C'eſt là qu'elle s'occupe à trom-
» per les mortels, & à retenir à ſa Cour, ceux qui
» mal inſtruits des chemins qui menent à la vraie
» gloire, prennent ce clinquant pour de l'or : ils

» rampent dans ce Temple imaginaire, toujours
» prêt à crouler fur fes débiles fondemens, &
» fe repaiffent de cette vaine fumée, dont ils
» encenfent cette Divinité moderne ; fatisfaits
» de fe voir dans ces glaces, où ils ne voyent
» qu'eux-mêmes, ils ne les ont pas quitté, qu'un
» brouillard épais les dérobe pour jamais à la
» poftérité, eux, leurs noms, & tout ce qu'ils ont
» fait.

Pendant que Fétiffe entretenoit ainfi Parifis,
Locuplès, Hyppoménis & Eufémus, ne pouvoient
fe laffer d'admirer ce Temple fingulier, & fe mê-
lant au nombreux concours de ceux qui s'y préfentoient de toutes parts, ils fe plaçoient à leur
tour devant les glaces, où charmés de fe retrouver, ils croyoient s'y voir gravés par le burin de
l'Immortalité. Amafius, affez content de fa per-
fonne, s'y contemploit avec complaifance, &
voyant une infinité de faifeurs de petits vers, de
plats Seigneurs, & de fats de fon efpèce, y remplir
des places diftinguées ; il fit remarquer à Frivolidès
le ridicule de leur Chef ; qui les apprécioit fi mal
en ces contrées, après les avoir lui-même élevés fi
haut à la Cour de Priam. Comme Pâris fe difpofoit
à les défabufer...

» Laiffe ces étourdis, lui dit la Fée, ils font
» affez

» affez occupés d'eux-mêmes, fans que tu t'amufes
» à penfer à eux. Nés pour cette Cour frivole ,
» qu'ils y rampent à leur gré , nous les repren-
» drons au retour ; le courage ainfi que la vertu ,
» peut fe démentir un moment, mais une fois ren-
» trés dans le chemin de la Gloire , rien ne doit
» plus les arrêter : tu m'entends, fils de Priam ,
» fuis moi.

De-là , s'adreffant aux Dames qui n'ofoient
avancer plus loin :

» Jeunes beautés , leur dit-elle , fuivez-nous, le
» Temple de la Gloire ne vous eft point fermé ;
» les vertus peuvent y conduire , & les cœurs fen-
» fibles font faits pour les vertus. Jettez les yeux
» fur la pointe de ce rocher , que mille autres
» moins élevés environnent, c'eft là que vous de-
» vez porter vos pas , & fixer vos vœux. Cette
» jeune Immortelle , qui vient à notre rencontre ,
» d'un air modefte , les yeux baiffés , vous fervira
» de guide; à fa noble fimplicité , à ce flambeau
» qui brille dans fa main , reconnoiffez la Vertu ;
» fouveraine Prêtreffe du Temple de la Gloire ,
» elle n'en ouvre le parvis , qu'à ceux qu'elle-
» même y conduit ; fans fon fecours, on s'égare
» dans ces différens chemins ; on n'arrive jamais ;
» voyez ce rayon de lumière qui s'échappe à tra-

» vers cette forêt de mirthes & de lauriers ; c'eſt
» votre guide ; hâtez-vous de le ſuivre.

Pâris, Francus & Pariſis, eurent à peine traverſé
cette forêt, avec la Reine & les Dames de ſa ſuite,
que reſpirant un air plus pur & plus ſerein, ils
découvrirent ſur la cime de la montagne, un
petit Temple de bronze, ſoutenu par des colonnes de diamant, qui frappées des rayons du ſoleil,
jettoient l'éclat le plus éblouiſſant. L'architecture
en étoit antique ; mais l'ordonnance étoit ſi ré-
gulière, & la magnificence en étoit ſi bien unie à
la ſolidité, qu'on y reconnoiſſoit l'ouvrage de la
raiſon & du goût.

Les Troyens ſe ſentirent pénétrés d'un profond
reſpect à l'approche de ce lieu ſacré; leur enchan-
tement redoubla à la vue des merveilles, qui à
chaque pas frappoient leurs yeux ; ce n'étoient
plus de vaines ombres, revêtues d'une exiſtence
chimérique & ſuperficielle ; la ſolidité caractériſoit
ſur-tout cet édifice éternel : les murs intérieurs,
d'un acier éclatant, avoient le poli des glaces,
ſans en avoir la fragilité. C'étoit ſur ces ſurfaces,
auſſi durables que l'univers même, qu'avec un
burin de diamant, la Vérité traçoit les exploits des
Héros, que la Vertu conduiſoit dans ce Temple.

C'étoit enfin la Gloire elle-même, qui rempliſſoit

ce fanctuaire d'une lumière vive & pure ; un cercle
d'étoiles étoit fa couronne ; fon fceptre, un foudre
reſſemblant à celui de Jupiter même ; fes yeux,
quoique brillant d'une noble fierté, s'abaiſſoient
avec complaiſance fur fes favoris. La Juſtice, la
Victoire, l'Expérience, la Valeur, la Clémence,
la Force & la Prudence, étoient les Prêtreſſes
éternelles de ce Temple ; l'Envie, l'Orgueil, la
Jalouſie, la Cabale & l'Intrigue, après en avoir
été profcrits pour jamais, s'étoient réfugiés chez
Gloriole, dont ils étoient devenus les tyrans.

A la vue de ce fpectacle merveilleux, la tendre
Gallie ne put retenir fes larmes.

» Séche tes pleurs, lui dit la Fée, j'en devine la
» cauſe ; c'eſt la Gloire qui t'allarme ; tu crains
» cette rivale redoutable, & que le bonheur de
» vivre à jamais dans ce Temple fameux, n'expoſe
» ton cher Parifis aux plus affreux dangers? Deſ-
» tinée à devenir un jour la Souveraine de ces
» vaſtes contrées, apprends à cacher au fond de
» ton cœur, les foibleſſes des femmes ordinaires.
» Souviens-toi que les Rois font moins à eux-
» mêmes qu'à l'État ; qu'ils époufent la couronne
» qui les décore ; que lorfqu'ils daignent la partager
» avec vous, contentes de contribuer quelquefois
» à leur bonheur, il faut leur laiſſer le foin de celui

» de leur peuple : c'eft s'affocier à leur gloire, que
» de les porter à l'aimer ; & c'eft par ce feul che-
» min, que ce Temple peut vous être acceffible.

Tandis que Pâris & Francus parcouroient le
Temple, & que pleins d'admiration, ils reconnoiffoient les Héros qui s'étoient immortalifés devant Troye, Fétiffe conduifit Parifis, Gallie & fa
chere Plancée, à l'une des extrémités de la montagne, d'où l'on découvroit un efpace immenfe ;
ils demeurerent frappés d'étonnement, au fpectacle
effrayant qui s'offrit à leur vue ; la mer en rugiffant,
paroiffoit venir fe brifer au pied du roc efcarpé,
fur lequel ils fe trouvoient comme fufpendus.

» Ne craignez rien, leur dit la Fée, cette mer,
» pleine de rochers, battue des vents, agitée de
» mille tempêtes, n'eft autre chofe que l'image de
» la vie humaine. Voyez-vous ces enfans, jouant &
» badinant entr'eux fur le bord de ce vafte Océan,
» fi fertile en orages, & impatiens de fe livrer à fes
» flots ? Ils regretteront bientôt, les beaux jours
» dont ils jouiffent, & dont malheureufement, ils
» ne connoiffent pas le prix ! De fimples coquilla-
» ges les amufent ; ils en font des tas, qu'ils répan-
» dent enfuite, pour les ramaffer encore. Telles
» font les richeffes qu'ils ambitionnent ! mais que
» cet âge heureux, eft de courte durée ! Suivez un

» moment des yeux, ceux qui, fortis de l'enfance,
» commencent à s'embarquer; voyez-les voler à
» travers mille périls, après ces vains phantômes
» qui leur échappent toujours, & que les ondes
» engloutiſſent, au moment qu'ils croyent s'en
» faiſir; plus ils avancent ſur la mer du monde, &
» plus ils la trouvent orageuſe.

» Cette Iſle que vous découvrez la première,
» où règne le printems, que les vents ſemblent
» reſpecter, eſt l'Iſle de Cithère; ſon aſpect agréable
» & riant, y promet toujours un calme ſéducteur;
» ſéjour ordinaire des paſſions violentes, ſes riva-
» ges ſont couverts de Syrennes, dont le viſage &
» la voix les ſéduit, mais qui leur font payer bien
» chérement les plaiſirs qu'elles leur promettent.
» Les fleurs naiſſent ſur ces rives enchantées; mais
» l'air qu'on y reſpire eſt ſi dangereux, que nul
» poiſon n'eſt plus ſubtil; il énerve le corps, affoi-
» blit la raiſon, endort la vertu la plus ſévère, &
» l'ame alors plongée dans une eſpèce de létargie,
» eſt d'autant plus à plaindre, que c'eſt dans la
» coupe du plaiſir, qu'elle trouve la ſource de ſes
» peines.

» Quoique tous les hommes abordent d'abord
» à cette Iſle, avant que de s'engager plus avant
» ſur cette mer orageuſe, tous ne s'y fixent pas.

D iij

» comme ces Vieillards ridicules , qui achèvent
» leur carrière aux pieds de ces femmes intéressées,
» qui se font un jeu de leur amour glacé. Vous en
» voyez, qui pressés du désir d'aller plus loin , ne
» font que traverser Cithère , satisfaits de s'y dé-
» lasser quelques jours en passant ; ce sont-là les
» plus sages.

» Les Isles Honorines, que vous découvrez
» ensuite, n'offrent à ces autres Voyageurs, ni de
» plus grands biens, ni de plus consolants ; le vul-
» gaire estime cependant ceux qui ont le courage
» de s'y fixer. C'est-là que l'aveugle Préjugé ,
» guidé par le Caprice, distribue au gré du Hasard,
» les charges, les emplois & les dignités ; quoique
» la brigue, le bonheur & la protection en fassent
» presque tous les frais, on n'attribue pas moins
» un certain mérite à ceux qui se font occupés de
» ces chimères. C'est de-là, que chacun pourvu
» de ce qu'on appelle un état, prend son essor dans
» la carrière du monde ; que les uns, portés sur de
» frêles vaisseaux, armés à grands frais , vont bra-
» ver les fureurs de Neptune en couroux ; les
» autres, commander des armées, gouverner des
» provinces, ou rendre la justice ; & vous les voyez
» presque tous, revenir hiverner à Cithère.

Parisis étonné, promenoit ses regards de l'une à

l'autre de ces Ifles, fans pouvoir décider où le concours étoit le plus grand.

Pour débarquer des premiers aux Ifles Honorines, mille rivaux jaloux fe culbutoient & fe déchiroient les uns les autres ; la crainte d'arriver trop tard, en faifoit précipiter une partie dans la mer ; d'autres, plus fols encore, & furieux de n'avoir pû vaincre les obftacles, s'alloient brifer la tête contre les rochers voifins.

Ces Ifles, dont le fol n'étoit qu'un fable mouvant, fur lequel on ne pouvoit tenir aucune route certaine, & dont le vent le plus léger diffipoit les traces, conduifoient infenfiblement à l'Ifle Blanche, ainfi nommée de la neige & des glaçons qui la couvrent toujours.

» Voyez, mes enfans, continua Fétiffe, cette
» multitude d'hommes & de femmes, qui dans
» l'arrière faifon de la vie, s'embarquent triftement
» pour cette terre inculte, que le foleil n'échauffe
» jamais de fes rayons bienfaifans ; les Jeux, les
» Grâces & les Amours, les quittent à Cithère,
» & leur font un éternel adieu, après les avoir
» remis entre les mains de la Prudence réfléchie,
» de l'auftere Sageffe, & de la vieille Expérience.
» A peine ces infortunés font-ils en pleine mer,
» qu'accablés de mille maux, enfans de l'air con-

» tagieux qu'on refpire en ce trifte climat, ils fe
» fentent appéfantis fous le poids des infirmités
» les plus cruelles ; elles fe fuccèdent les unes aux
» autres avec rapidité, & fouvent même fe réunif-
» fent pour le fupplice de ces infortunés. Aujour-
» d'hui privés de l'ufage d'un membre, les autres
» ont à peine la force de fe traîner languiffamment ;
» demain leurs yeux affoiblis, ne diftinguent plus
» les objets, ou l'ouïe les abandonne. De tous ceux
» qui s'embarquent pour l'Ifle Blanche, remar-
» quez le petit nombre de ceux qui jouiffent de
« l'avantage d'y parvenir, tandis que celui de
» ceux qui périffent eft innombrable.

A ce trifte fpectacle, Parifis ne put retenir fes
larmes, & comme il fe plaignoit à Fétiffe des
maux auxquels les hommes étoient fujets, & fembloit accufer les Dieux d'injuftice.

» En vérité, lui dit la Fée, je penfe que tu te
» crois quelque chofe, parce que le hafard t'a fait
» naître le petit-fils d'un Roi, & que la vie de ton
« pere eft traverfée par de fameufes aventures ? Il
« n'eft pas que tu n'ayes vû quelquefois à Vauclufe
» des légions de fourmis, fe difputer le tronc pourri
» de quelque vieux chéne, aller, venir, s'empreffer
» & s'agiter tumultueufement à l'entour : tranquile
» fpectateur de ces petits combats, ne t'avifas-tu

» jamais de déranger leurs travaux de plusieurs
» jours, du bout de ta houlette, sans penser seu-
» lement à la révolution terrible que tu causois
» parmi ce petit peuple ? C'est précisément l'image
» de ce qui se passa dans l'Olimpe, au sujet de
» cette fameuse Troye, dont vous prétendez tous
» avec tant de vanité, que les Dieux ont été
» sérieusement occupés pendant dix ans.

» Je vis alors dans mes courses vagabondes, ces
» mêmes Dieux, à l'abri d'un nuage, se déclarer,
» sans trop sçavoir pour quoi, les uns pour les
» Grecs, les autres pour les Troyens, & se jouer
» dans leurs momens perdus, des combats tant
» vantés de ces guerriers fameux ; parier tantôt
» pour, tantôt contre ; mais sans monter au Ciel,
» si les hommes osent bien fouler aux pieds leurs
» semblables, comme de vils insectes, quels droits
» bien plus sacrés, n'ont point sur eux les Dieux,
» dont ils sont l'ouvrage, & sans lesquels ils n'exis-
» teroient pas ? A votre surprise, je vois, mes en-
» fans, que vous ignorez comment les hommes
» ont été jettés sur la terre.

Plancée & Gallie, prièrent la Fée de leur conter
ce grand événement ; mais pressée de retourner en
son palais, pour en faire les honneurs au grand
nombre d'étrangers, qui s'y étoient rendus de

toutes parts, à l'occaſion des fêtes qu'on y préparoit, elle promit de ſatisfaire leur curioſité dans
un autre tems.

Comme un inſtant avoit ſuffi à Fétiſſe pour
tranſporter ſes hôtes, aux différens lieux qu'ils
avoient parcourus avec elle, un inſtant les ramena
au ſein de ſes États, où la Fée ſe fit un amuſe-
ment d'employer les reſſources de ſon art, pour
leur donner les ſpectacles les plus frappans ; ils
ſurpaſſerent même tout ce qui s'étoit fait à la
naiſſance de la jeune Plancée, & à ſon mariage
avec Francus. Les vieilles Fées, qui avoient doué
cette jeune Princeſſe de toutes les graces & de tous
les talens, vinrent contempler leur ouvrage, & lui
prodiguer de nouvelles faveurs, dont elle obtint
de faire part à Gallie, avec laquelle elle s'étoit liée
de l'amitié la plus étroite, & dont ce trait de géné-
roſité, ne fit que reſſerer d'autant plus les nœuds.

Des différens prodiges qui conſacrèrent cette
journée mémorable, ceux qui étonnèrent le plus
Pâris & toute l'aſſemblée, furent pluſieurs vues
frappantes de l'ancienne Troye. Cette ſuperbe
Cité parut d'abord dans toute ſa gloire ; on admiroit ſur-tout ſes murs, chef d'œuvre de l'art, bâtis
par Apollon & Neptune ; ſes tours fameuſes, ſes
palais délicieux, dont les faîtes perçoient la nue ;

Priam, environné de fa famille augufte, & fuivi d'une Cour auffi brillante que nombreufe, fortoit de la Ville pour recevoir Hélène, que Pâris, fier de fa conquête, y conduifoit pour la première fois. Pere aveugle! tu ne prévoyois pas ce que te coûteroit un jour ta coupable complaifance! La mer étoit calme, l'air pur & ferein, les vaiffeaux rangés dans le port fur deux lignes, montroient leurs poupes couronnées de fleurs; les Zéphirs agitoient doucement les voiles, & les Amours fe jouoient avec les banderolles; les Dames Troyennes vêtues de robes éclatantes, & les cheveux relevés avec des treffes d'or & de perles, conduites au bruit d'une douce fimphonie par de jeunes Phrygiens, dans l'habillement le plus galant, voguoient dans de petits canots dorés, fous des pavillons d'azur & de pourpre.

On admiroit avec étonnement ce fpectacle enchanteur, lorfque la fcène, changeant tout-à-coup, n'offrit plus aux yeux des fpectateurs, que le carnage & les furies, fuites funeftes de l'impitoyable guerre; le foleil fembloit précipiter fa courfe, pour n'être pas témoin de tant d'horreurs; c'étoit enfin l'image de l'affreufe nuit qui vit enfevelir Illion fous fa cendre, que Fétiffe alloit retracer.

Comme on voit la foudre en fillonnant la nuë, paffer en un moment d'un bout de l'horifon à l'autre, telle & plus rapide encore, on vit la flâme fe communiquer en même-tems à tous les quartiers de cette fuperbe Ville, qui ne parut bientôt qu'un vafte bucher, où Troye entière étoit offerte en facrifice aux Dieux irrités contre elle. A la pâle lueur de la flâme dévorante, on découvroit d'un côté le mont Ida, couvert de Troyens fugitifs, & les rivages enfanglantés du Simoïs; de l'autre, à travers cette brèche fatale, faite par les Troyens eux-mêmes, pour introduire la funefte machine qui les perdit, on découvroit le Palais de Priam; on y diftinguoit fa malheureufe famille, traînée captive par fes vainqueurs, & cet infortuné Vieil-lard, frappé lui-même du coup mortel par l'im-pitoyable Pirrhus; on entendoit les hurlemens du défefpoir, l'écroulement des murs, le cliquetis des armes, les voix lamentables des mourans, & les cris infultans des vainqueurs.

Ce fut alors que Fétiffe adreffant la parole aux Troyens, leur tint ce difcours.

» Illuftres infortunés, voilà quels furent vos
» malheurs en Afie: mais les Dieux font calmés;
» Junon elle-même, me permet de vous tendre
» en Europe une main fecourable. En parcourant

» l'univers, pour chercher à ma fille un époux
» digne d'elle , je m'arrêtai devant Troye, cette
» nuit même , que livrée à la fureur des Grecs ,
» elle fut enfevelie fous fes ruines. Jugez par le
» tableau que je viens de retracer à vos yeux , fi
» j'en ai perdu la mémoire ! Dans ce défaftre
» affreux, le hafard offrit à ma vue le jeune Fran-
» cus livré aux horreurs de la mort, au milieu
» d'une troupe d'amis confternés & prêts à l'aban-
» donner ; touchée du fort de ce Prince infortuné,
» je l'adoptai dès-lors pour mon fils ; je l'arrachai
» de ces rives défolées avec les fiens, & guidant
» leurs pas timides à travers d'immenfes déferts, je
» les conduifis dans ces climats ; j'ai fait plus, j'ai
» donné à ma chere Plancée, ce jeune Héros pour
» époux, & il a retrouvé dans ces déferts , plus
» qu'il n'avoit perdu. Je ne puis cependant, mon
» cher Pâris, m'oppofer aux Deftins qui t'ont
» affigné , ainfi qu'à ta poftérité, l'empire de ces
» belles contrées ; car Minerve elle-même , m'a
» remis fon égide pour te défendre & te protéger ;
» mais nés du même fang que Francus , puiffe la
» tendre amitié vous unir à jamais! Cette union te
» fera même néceffaire, pour vaincre les obftacles
» qui te reftent à furmonter. Tu connois la nou-
» velle Illion qui s'élève par mes foins , elle va

» renaître des cendres de l'ancienne, mais plus
» belle & la plus brillante encore.

Elle dit, & des ruines de la Cité de Priam qui
venoit de disparoître, sortit tout-à-coup la nouvelle Troye. Le soleil qui recommençoit sa course,
l'éclaira de ses premiers rayons : on y célébroit
alors les fêtes qui s'y donnèrent à l'arrivée de
Plancée ; Pâris, dans l'admiration de la puissance
de Fétisse, se prosterna aux pieds de la Fée, en la
conjurant de le rejoindre à sa chere Œnone.

» Le moment marqué par les Dieux, n'est point
» encore arrivé ; c'est un bienfait, Pâris, qu'il faut
» avoir mieux mérité : mais sois sans crainte ; ouvre
» ton cœur à l'espérance, & prends part aux fêtes
» qu'on va célébrer sous tes yeux.

Les plaisirs se succédèrent si rapidement, & avec
tant de variété, que le Prince Troyen, qui connoissoit les Cours galantes de l'Asie & de la Grèce, fut
forcé de convenir, qu'il n'avoit jamais rien vû qui pût
être comparé aux fêtes de Fétisse. Ce ne fut qu'à la fin
du sixième jour, que Gallie trouva le moment d'engager la Fée, à raconter l'histoire qu'elle lui avoit
promise, de l'origine de l'univers & de la formation
de l'homme ; ce que Fétisse, pour varier les plaisirs
de ses hôtes, fit en ces termes, après s'être placée
au milieu du cercle que l'assemblée fit autour d'elle.

» Il fut un tems, mes enfans, que rien n'exiftoit
» que les Dieux. Dans une fête de l'Olimpe, l'A-
» mour un jour enivré d'ambroifie, étoit tombé
» dans les bras de Morphée; & ce Dieu, pour le dé-
» rober dans cet état humiliant à la vue de l'affem-
« blée Célefte, l'avoit caché fous les aîles téné-
» breufes de la Nuit. Cette vieille Déeffe, qui cou-
» vroit le Cahos, échauffée par l'Amour, pro-
» duifit un œuf, qu'elle dépofa dans le vafte fein
» de l'Érèbe : de cet œuf, fortirent les Élémens,
» le Soleil, la Terre, la Lune, les Étoiles, &
» tous ces Globes qui compofent l'Univers; d'a-
» bord confondus les uns avec les autres, ils na-
» gèrent fans ordre dans l'immenfité de l'efpace;
» ce fut Jupiter, qui frappé un jour de leur gran-
» deur, & de l'éclat de quelques-uns d'entr'eux,
» daigna leur prefcrire des loix, leur affigner leurs
» places, tracer lui-même leur marche & leurs
» révolutions fur cette partie du Ciel, appellée
» depuis Zodiaque.

« Il y avoit déjà longtems que, fidèles à ces
» loix, ils fourniffoient leur carrière dans cet ordre
» admirable qui charme vos yeux; lorfque les
» Immortels fe promenant un jour en long & en
» large, en s'ennuyant fur la voûte azurée, fe
» demandèrent ce qu'ils pourroient imaginer pour

» diverſifier leurs loiſirs ; car une éternité eſt une
» furieuſe carrière à fournir, & ſur-tout pour qui-
» conque n'a rien à faire. Les Déeſſes étoient déjà
» ſi vieilles, que les Dieux commençoient à s'en
» ſoucier moins ; à la longue on ſe laſſe de tout ;
» ils avoient d'ailleurs tant vû le ſoleil, & tous les
» globes de l'Univers, tant calculé du haut de
» l'Olimpe leurs différentes conjonctions, leurs
» oppoſitions, leur paralaxe, & les éclipſes, que
» Jupiter pour varier ſes plaiſirs, propoſa de les
» peupler de différens être vivans. Chacun des
» Dieux applaudit à ce projet, & promit d'y tra-
» vailler ſelon ſes talens. La Terre, qui décrivoit
» alors humblement ſon cercle autour du Soleil,
» paſſant ſous l'aſſemblée, fut deſtinée à commencer
» ce nouveau genre d'amuſemens. Jupiter, pour
» examiner de près cette planette dans tous ſes
» ſens, d'un coup de pied la fit pirouetter de
» façon, que ſon axe en fut dérangé, & reſta de-
» puis, toujours incliné.

» Auſſitôt Mercure ayant jetté au milieu de
» l'aſſemblée, un morceau d'argile pétri, chacun
» eſſaya ſur le champ de former divers modèles,
» pour être expoſés au ſalon de l'Olimpe. Le
» maître des Dieux promit d'animer de ſon ſouffle
» divin, celui qui ſeroit jugé le plus beau, & le

» plus

» plus régulièrement conformé. Mais peu satisfait
» des figures bifares qui lui furent préfentées, il ne
» laiffa tomber fur elles, que quelques étincelles
» d'un feu groffier, & voulut qu'elles fuffent con-
» damnées à végéter ftupidement fur la terre, fous
» les loix d'un fimple inftinct ; de-là les animaux
» de toute efpèce ; puis mettant lui-même la main
» à l'œuvre, il fit l'homme dans les plus admi-
» rables proportions, & tout l'Olimpe admira
» l'ouvrage du plus puiffant & du plus intelligent
» des Dieux.

» Avant que d'animer le corps de ce nouvel
» être, Jupiter leva l'envelope qui cachoit fon
» mécanifme intérieur, & fit voir aux Dieux éton-
» nés, l'excellence de fon ouvrage ; cette multitude
» infinie d'os, de nerfs, de fibres, de cartilages,
» de membranes, de ligamems, de mufcles, de
» rameaux ; cet affemblage prodigieux de veines,
» d'artères, de vaiffeaux, qui portent & rapportent
» le fang, du cœur aux extrémités, & des extré-
» mités au cœur. Il leur montra comment, la
» nouriture broyée fous la dent, devoit fe féparer,
» fe philtrer, fe convertir en chile, puis en fang,
» en limphe, en efprit, en paffant par les différens
» couloirs deftinés à la confervation & au jeu de la
» machine.

II. Partie.   E

» L'intérieur de la tête, les frappa fur-tout de
» la plus grande admiration ; la glande pinéale ,
» deftinée à devenir le trône de l'ame, le cerveau,
» où fe forment les connoiffances, où la raifon
» & les voiontés réfident, où l'imagination vient
« peindre les objets qui frappent les fens , où la
» mémoire les range dans des cazes féparées ;
» toutes ces merveilles augmentèrent l'enchante-
» ment de l'affemblée Célefte ; elle avoit été moins
» étonnée de la formation des globes planetaires ,
» que de celle du petit globe de l'œil, où les plus
» grands objets, la terre , la mer , le Ciel même ,
» & tout ce qu'il renferme , viennent fe peindre ,
» fans confufion. Les labyrinthes de l'oreille , où
» la voix porte l'image de la penfée, parut un autre
» chef-d'œuvre : ils avoient peine à concevoir
» comment, les fons raffemblés dans la conque
» extérieure, & portés fur le timpan, paffent au
» moyen des fibres , d'un nerf jufqu'au fanctuaire
» de l'ame, & préparent la matière des fonctions
» de l'efprit.

» Comme fi ç'eût été peu que de voir, d'en-
» tendre & de concevoir, Jupiter voulut encore
» que les hommes pûffent aifément fe communi-
» quer leurs penfées les plus intimes.

» Tous les Dieux, charmés de la fublimité de

» cet ouvrage , en étudièrent les juftes proportions ,
» les nobles contours, les formes agréables , &
» devinrent les rivaux du maître du tonnerre, en
» formant de nouveaux êtres fur fon modèle. Ju-
» piter, trop grand pour être jaloux , s'en amufa
» lui-même , promit de les animer tous ; & tant
» que le jour dura, les Dieux firent des hommes.

» Mercure , non content de s'en tenir comme
» les autres à la fimple imitation, fe piqua d'être
« original ; il ajouta, pour cet effet, des aîles aux
» deux extrémités de fes modèles, en économifant
» d'un autre côté fur la cervelle , pour rendre la
» tête moins lourde, & plus propre à fendre l'air ;
» mais ces aîles furent unaniment rejettées par le
» comité Célefte ; envain l'ingénieux fils de Maïa
» s'en plaignit-il ; tout ce qu'on put faire en faveur
» du Meffager des Dieux, fut de lui adjuger un de
» ces corps aîlés pour fes menus plaifirs ; & Jupi-
» ter , qui prévit dès-lors que ce Dieu complaifant
» pourroit très bien fervir un jour aux fiens, s'y
» prêta , fans tirer à conféquence.

» Les aîles furent donc détachées des autres
» corps formés par Mercure ; mais ils n'en gardèrent
» pas moins depuis ce tems une légèreté fi fingulière,
» que pour les empêcher de tourner à tous vents,
« on fut fouvent obligé de leur fubftituer un peu

» de plomb dans la tête, à la place de la cervelle
» qui y manquoit.

» Les defcendans de cette efpèce d'hommes,
» par un inftinct fécret qui les rappelle fans ceffe à
» leur première origine, confervent encore au-
» jourd'hui, la manie de porter des plumes fur
» leur tête : ils font légers, étourdis, plein de vent,
» & compofent la claffe des petits maîtres.

Comme le hafard voulut que la coëffure de
Frivolidès fe trouvât la feule ornée d'une plume,
& qu'il avoit d'ailleurs fait plufieurs preuves
d'étourderie, pendant les fêtes qui venoient d'être
données, tous les yeux fe tournèrent involon-
tairement fur lui ; mais plus flatté que déconcerté, de tenir de fi près à Mercure, il remercia
Fétiffe de lui avoir appris fon illuftre origine.

Après quelques plaifanteries générales, aux-
quelles cette hiftoire donna lieu, chacun fit
felon l'ufage fes petites réflexions ; & Jupiter,
tout maître des Dieux qu'il étoit, ne fut point
épargné : on critiqua fon ouvrage de la tête aux
pieds ; il n'y eut pas jufqu'à Frivolidès, qui ne fe
crût en état de mieux faire.

Parifis & Gallie, n'en penfoient pas moins, &
ne purent s'empêcher de demander à Fétiffe,
pour quoi les aîles, qui leur paroiffoient fi bien

imaginées, avoient été proscrites dans l'assemblée
de l'Olimpe.

» Elles eüssent sans doute , passé à la pluralité
» des voix , leur dit la Fée , sans les sages réflexions
» du pere des Dieux & des hommes : il craignit
» que ces êtres intelligens qu'il venoit de créer ,
» n'abusâssent de leurs ailes pour passer d'un globe
» dans un autre , & troubler ainsi l'ordre de l'uni-
» vers ; ou qu'à l'exemple des Titans , ils n'en
» vinssent jusqu'à escalader le Ciel ; & Jupiter , mes
» enfans , n'avoit pas absolument tort , car , que
» n'ont pas tenté les hommes ? Ont-ils pû rester
» tranquiles dans les différens climats où le sort
» les a jettés ! N'ont-ils pas osé franchir l'immen-
» sité des mers sur de frêles vaisseaux , au mépris
» des écueils & de la mort ? A l'aide d'un verre
» ingénieux , n'ont-ils pas pénétré jusques dans le
» Ciel même ? Est-il quelque astre , dont leur com-
» pas n'ait point mesuré la marche & l'étendue ?
» Le soleil même , malgré la vivacité de ses
» feux , a-t'il échapé à leurs avides regards ? Ils
» font plus , ils le promènent dans l'espace , au gré
» de leur caprice. Les uns en font l'œil , le Dieu
» de l'univers , le placent dans son centre ; & c'est
» pour lui rendre leurs hommages , qu'ils pré-
» tendent que tous les astres tournent humble-

» ment autour de lui ; d'autres , plus orgueilleux
» encore, le renvoyent à la circonférence, comme
» un fimple flambeau placé pour éclairer la terre
» qu'ils habitent, & les importantes misères dont
» ils s'occupent, ignorant, ou feignant d'ignorer,
» que cette terre même, n'eft avec eux qu'un point
» qui nage dans l'immenfité. D'autres ont ofé lutter
» contre Jupiter lui même ; il a fait des hommes
» d'argile, ils en ont fait de bronze, & dans les
» plus nobles proportions. Ce feu divin , cette
» ame qu'ils n'ont pû communiquer à fon cœur,
» ils l'ont imprimé fur fon front, dans fes yeux,
» dans leurs différentes attitudes , & le bronze qui
» refpire au fortir de leurs mains, eft fufceptible
» des impreflions de la joie, de la douleur, de la
» crainte & de l'audace. Ils ont fçû fixer fur une
» toile , l'émail des prairies, le beau verd du prin-
» tems , la fraîcheur des bocages , le cours des
» ruifleaux & les fruits de l'automne ; ils en ont orné
» leurs demeures , & forcent la nature d'étaler fes
» richeffes à leurs yeux, lors même que le froid
» des hyvers les a fait difparoître de la terre ; ils
» font plus encore, à l'aide des couleurs, ils ren-
» dent la toile parlante, & confervent malgré les
» ans, dans la fraîcheur du bel âge, l'image de la
» beauté qui leur fut chere, ou celle des auteurs

» de leurs jours ; font-ils féparés de l'objet aimé,
» malgré la diftance des lieux , des chiffres de tout
» genre , des caractères qu'on peut dire parlants ,
» lui font paffer leurs plus fécrettes penfées , &
» ces mêmes caractères , auffi durables que l'ai-
» rain , perpétuent d'âge en âge tout ce qu'on leur
» a confié, reffufcitent les héros , font parler leurs
» vertus, rapprochent tous les tems; voilà ce qu'a
» fait l'homme, tout rampant qu'il eft fur la terre ;
» jugez de ce qu'il eût entrepris, fi les Dieux lui
» euffent donné des aîles !

» Parmi les différens corps qui furent alors for-
» més , il y en eut beaucoup de blancs, à l'imita-
« tion de celui qui étoit forti des mains de Jupiter ,
» & qu'il nomma Protogène ; (1) on en imagina en
» même tems de fort finguliers; l'enfumé Vulcain,
» par exemple , en fit de noirs, avec le nez épaté &
» les cheveux crêpus ; on en forma de taille gigan-
» tefque , de très-petits, de bafannés , de trapus
» & laids ; d'olivâtres , au front large , & aux four-
» cils épais; les uns furent jettés vers les Pôles , les
» autres vers l'Équateur ; & prefque tous ceux que
» fabriqua Mercure, tombèrent dans les différentes
» Zones intermédiaires ; j'en ai même déjà reconnu
» plufieurs en ces contrées.

____

(1) Premier homme.

Parisis, charmé d'entendre des choses si peu connues, dit à Fétisse, qu'il voyoit bien que l'origine de l'homme, n'avoit été qu'un pur amusement, qu'une plaisanterie des Dieux, qui dans la suite des tems, devint plus importante qu'ils ne l'avoient d'abord imaginés. Il ajouta, que la formation de la femme devoit sans doute avoir eû aussi une cause fort singulière ; & Gallie se joignant à son époux, pour prier la Fée de leur en conter l'origine, elle poursuivit ainsi.

» Les hommes, malgré tout le merveilleux de
» leur être, jouoient sur la terre un assez triste rôle.
» Jupiter ayant un jour baissé les yeux sur eux, les
» vit errants çà & là dans les forêts, dispersés dans
» des cavernes sombres, & disputants leur nourri-
» ture avec les bêtes féroces ; courbés vers la terre,
» dont leurs corps avoient été formés, à peine
» osoient-ils élever leurs yeux vers le Ciel ; leur
» ame, embarrassée dans sa prison d'argile, se dou-
» toit à peine qu'elle fût douée de la faculté de
» penser, & le nombre des hommes étoit déjà
» considérablement diminué. C'en étoit fait de
» l'espèce humaine, sans le regard favorable que
» le maître des Dieux daigna jetter sur elle : son
» ouvrage lui parut cependant assez beau, pour
» mériter d'être perpétué par la reproduction. Il

» fut donc queſtion de procurer à l'eſpèce, de
» nouveaux individus pour ſuccéder aux pre-
» miers ; quand leurs reſſorts uſés par le tems,
» feroient dépérir & tomber la machine.

» Les hommes, par leur eſſence, avoient bien
» intérieurement un germe de reproduction ; mais
» il étoit imparfait, & dépendant d'un autre être
» quelconque, qui devoit coopérer à le faire éclore ;
» & c'étoit ce ſecond être ſubordonné au premier,
» qu'il étoit queſtion de créer, pour établir la gé-
» nération ſucceſſive.

» On imagina à ce ſujet, des ſyſtêmes à l'infini ;
» mais chacun voulant avoir l'honneur de l'inven-
» tion, Jupiter ſouhaita que les Déeſſes euſſent
» ſeules la gloire de ce nouveau chef-d'œuvre : le
» premier avoit été fait à l'image des Dieux ; il vou-
» lut que le ſecond fut modelé ſur celle des Déeſſes.

» Elles deſirèrent que ce fut dans le ſein de leur
» modèle, que s'opérât cette merveille ; pour cet
« effet, elles ſe propoſèrent de lui communiquer
» une vertu attractive, capable de forcer l'être
» ſupérieur, l'être actif par excellence, à tomber
» aux genoux de l'inférieur, quoique deſtiné à
» n'être que paſſif, & à ſouffrir l'union intime dont
» devoit naître pendant pluſieurs ſiècles, une in-
» nombrable poſtérité.

» Ce projet mis en délibération à l'assemblée
» des Dieux, tout l'Olimpe y applaudit ; Vénus
» fut chargée de figurer un modèle propre à opé-
» rer ce prodige, & toutes les autres Déesses vou-
» lurent y contribuer.

» Les Dieux n'avoient employé que l'argile ; c'en
» fut assez pour le rejetter, & pour préférer l'albâtre.
» Vénus en paitrit elle-même la pâte de ses belles
» mains, en ajoutant & retranchant tout ce qu'elle
» jugea nécessaire. La Douceur forma les traits de
» la figure qu'elle modeloit ; les Grâces dessinèrent
» son maintien & sa taille, en arondirent les con-
» tours, couronnèrent son front de cheveux, dont
» la Décence composa un voile, que le Zéphir se
» chargea de placer à son gré ; la Pudeur répandit
» son vernis de roses sur les lys de ses joues ; l'A-
» mour forma les yeux, y mit le siège de son em-
» pire, y déposa ses flèches, plaça le doux sourire
» sur des lèvres de corail, & se nicha dans le cœur de
» ce nouvel être ; sans la Légèreté, la Coquetterie
» & la Futilité, qui voulurent y mettre aussi
» du leur, & qui n'en mirent par malheur que
« trop, la femme étoit un chef-d'œuvre assez bien
» imaginé.

» Les différens détails où l'on entra, les critiques
» des Dieux, les répliques des Déesses, tout cela

» feroit trop long à raconter. La fage Minerve
» crioit à l'indécence; comme elle étoit fortie du
» cerveau de Jupiter, elle vouloit perpétuer ces
» êtres par la fimple opération des efprits; mais
» elle fe trouva feule de fon avis; on affigna le
» doux frémiffement du plaifir à la matière, par
» le moyen du toucher, & Vénus s'en applaudit :
» le modèle convenu, & fes proportions arrêtées ,
» on en organifa l'intérieur, de façon que le phéno-
» mène de la génération put aifément s'accomplir;
» deux globes d'yvoire, arrondis par les Grâces
» mêmes , furent deftinés à renfermer la liqueur
» qui devoit allaiter le nouveau né ; quoiqu'on
» prévit qu'un jour, à la honte de l'humanité , des
» marâtres fe refuferoient à ce devoir , le plus faint
» & le plus doux des meres , pour confier à des
» mains étrangères , le foin & la vie de leurs en-
» fans , & que ces fiècles feroient appellés les
» fiècles policés.

» Le fouverain des Dieux , voyant que ce nou-
» vel individu l'emportoit fur Protogène , par l'é-
» légance & la beauté de fes formes , refufa de lui
» communiquer le fouffle divin dont il avoit animé
» l'homme; ce qui fit refter les femmes dans l'ordre
» des jolies machines; mais d'ailleurs fi parfaites ,
» qu'on les prendroit pour des êtres au-deffus de

» l'homme, tant elles ont quelquefois le langage,
» le ton & le jeu de la raifon : il eft même des pays
» où ils traitent non-feulement avec elles d'égal à
» égale, mais où ils pouffent la foibleffe, jufqu'à les
» croire des Divinités dignes de leurs autels.

   » Tout ce que Jupiter fit en leur faveur, fut de
» permettre à l'Amour d'animer ces jeunes beautés
» d'une étincelle de fon flambeau, pour le bon-
» heur des hommes ; c'eft ce feu divin qui les pé-
» nètre, qui remplit leur cœur, qui développe leur
» efprit, qui anime leurs regards, & qui les fait
» parler, agir, & fe mouvoir, au point qu'on leur
» croiroit une ame.

   » Vénus, affez contente d'elle-même, après
» avoir reçu les complimens de l'Olimpe affemblé,
» voulut donner aux Dieux le fpectacle enchanteur
» de la première entrevue de ces deux êtres, faits
» pour vivre enfemble, & pour contribuer réci-
» proquement à leur bonheur.

   » Protogène, revenu de la première furprife
» qu'il avoit éprouvée lors de fon entrée dans cet
» univers, plus éclairé que les autres hommes, par
» les dons particuliers du maître des Dieux, avoit
» enfin élevé les yeux vers le Ciel, & cherché les
» chofes néceffaires à fa fubfiftance ; un immenfe
» rocher creufé par la nature, & couronné d'un

» lierre rampant, nefembloit tenir fa tête altière
» fufpendue dans les airs, que pour lui préter un
» abri contre les injures du tems ; des fruits fau-
» vages, un ruiffeau pur & tranquile, fervoient à
» le nourir & à le défaltérer.

» La Déeffe des amours attendit que la nuit eut
» livré Protogène aux douceurs du fommeil, pour,
» à la faveur d'un fonge, échauffer fon cœur par fa
» préfence ; portée dans les airs fur fon char attelé
» de colombes, elle le laiffe dans la forêt voifine,
» & pénètre dans la caverne, à la lueur du flam-
» beau de fon fils, qui marche devant elle.

» Heureux enfant de Jupiter! Protogène, dit-elle,
» enfin les Dieux te deftinent une compagne aimable
» pour charmer les ennuis de ta folitude, & remplir
» le vuide de ton cœur : réveille toi pour la rece-
» voir ; pare ta retraite de fleurs, rafraichis ces
» gafons, dépouille ces rofes de leurs épines, vole
» au-devant de fes pas dans le bofquet de mirthe,
» réunis fes rameaux, pour en couvrir la couche
» nuptiale ; ouvre ton ame à de nouveaux tranf-
» ports ; tu vas commencer à jouir d'une nouvelle
» exiftance, & des plaifirs que te réfervoient les
» Dieux.

» A peine Protogène a prêté l'oreille aux fons
» enchanteurs de cette voix divine, que la Déeffe,

» ainſi qu'une vapeur légère, eſt déjà remontée
» aux Cieux, & laiſſe après elle une odeur d'am-
» broiſie, dont ces beaux lieux demeurent par-
» fumés.

» Tous les Dieux, l'œil fixé vers la terre, atten-
» doient du haut de l'Olimpe, le ſpectacle que
» Vénus leur avoit promis; ils virent l'aurore ſe
» lever ſous leurs pieds, & le blond Phébus chaſ-
» ſant les étoiles, commencer à dorer les plus hau-
» tes montagnes; Iris parut ſur ſon arc peint de
» mille couleurs, les prés s'émaillerent, les bois
» ſe tapiſſerent de verdure, les troupeaux ſor-
» tirent de leur enceinte, & les Zéphirs retenant
» leurs haleines, annoncèrent le plus beau des
» jours.

» Protogène, encore plein de la Divinité qui
» venoit de ſe communiquer à lui, ſe lève avec
» précipitation, & s'enfonce dans la forêt voiſine :
» il la parcouroit d'un air diſtrait & rêveur, lorſ-
» qu'attiré dans le boſquet de mirthe par le chant
» mélodieux des oiſeaux, il apperçoit ſur un lit
» de verdure ſemé de fleurs, un être à ſes yeux
» inconnu; frappé de ſon air de douceur, il croit
» revoir la Déeſſe qui s'eſt montrée à lui pendant
» ſon ſommeil; retenu par le reſpect, il recule d'a-
» bord; mais ſon cœur attiré par un charme ſecret,

« le force d'avancer, & fufpendu entre ces deux
» mouvemens, il demeure interdit.

» Seroit-ce là, fe dit-il en lui-même, cette com-
» pagne aimable qui m'eft promife? elle doit, dit-
» on remplir le vuide de mon cœur, & je fens qu'il
» éprouve une agitation qu'il n'a jamais reffen-
» tie... Mais quelle douce ivreffe s'empare de
» moi? quelle volupté agite mes fens?... Oui,
» c'eft elle, c'eft elle-même, & je n'en puis douter
» au trouble enchanteur que j'éprouve... Mais
» d'où me vient cette timidité qui retient mes pas
» incertains, & cette crainte involontaire, qui
» malgré ma vive impatience enchaîne mes défirs?

» Au mouvement que Protogène communique
» aux arbriffeaux qui s'oppofent à fon paffage,
» au bruit qu'il fait en les féparant avec vivacité,
» cette jeune beauté s'éveille, fes membres fe dé-
» veloppent avec grace, elle lève majeftueufement
» la tête; fes yeux s'ouvrent pour la première fois
» à la lumière; l'étonnement s'y peint, à la vue
» de chaque objet qu'elle envifage; le chant des
» oifeaux la furprend & l'enchante; elle fuit de
» l'œil ces petits êtres voltigeans autour d'elle;
» fous ces rians berceaux, le murmure d'une fon-
» taine, d'où l'onde coule dans la plaine, attire
» fes regards, & l'invite à s'en approcher de plus

« près ; par un nouveau prodige , la figure qu'elle
» apperçoit dans le criftal des eaux , fe panche
» auffi vers elle ; elle en a peur, & veut fe retirer ;
» mais un rofier l'arrête , & la fleur qu'elle veut
» écarter, demeure dans fes mains ; elle en admire
» l'éclat, l'approche de fon fein, & le doux par-
» fum qu'elle exhale , en lui faifant connoître
» un nouveau fens, lui fait éprouver un nouveau
» plaifir.

» Deux colombes paroiffent fur un ormeau, fe
« becquetent, fe careffent, s'empreffent l'une au-
» tour de l'autre ; un doux frémiffement s'em-
» pare de toutes deux ; le tendre amour femble
» agiter leurs aîles ; au mouvement que fait cette
» belle pour les voir de plus près , fes jambes pour
» la première fois, font leur office ; furprife de fe
» trouver dans cette nouvelle attitude , chance-
» lante , incertaine, elle avance un pied en trem-
» blant, l'autre le fuit, elle approche d'un lieu en
» s'éloignant d'un autre.

» L'impatient Protogène qui la contemple, ne
» peut plus retenir les mouvemens de fon cœur ; il
» écarte avec vivacité le feuillage qui le couvre, &
» tombe avec tranfport aux genoux d'Aréta (1) ;

____

(1) Beauté.

» c'eft

» c'est ainsi qu'il nomma cette belle : elle rougit à
» la vue d'un homme, & de ce moment, la pudeur
» parut sur la terre, où l'on dit qu'elle habite en-
» core quelquefois. Tel fut, jeunes époux, le jour
» heureux, où le tendre hymenée vous rendit
» possesseurs de Gallie & de Plancée.

» Ces deux nouveaux êtres passerent tout le
» jour à se regarder, à contempler les merveilles
» de la nature, dont l'homme paroissoit aux yeux
» d'Aréta, l'ouvrage le plus séduisant & le plus
» digne de toute son attention. L'amour commen-
» çoit d'enflâmer leurs jeunes cœurs, quand le
» soleil, après avoir peint l'horison de mille cou-
» leurs, parut tout-à-coup se coucher dans un
» palais de feu; la nuit qui survint, cette espèce de
» mort de l'univers, frappa la femme d'un nouvel
» étonnement; ce fut pourtant à la faveur de ces
» ombres épaisses, qui servirent de voile à la pu-
» deur, que s'accomplit le mystère de l'amour.
» Comme nos jeunes époux étoient dans les bras
» l'un de l'autre, la lune à la faveur de sa douce
» clarté, les fit s'entrevoir, & tous les deux en
» même-tems rougirent : mais Morphée les cou-
» vrit de ses pavots; bientôt livrés aux douceurs
» du sommeil, l'aurore seule les éveilla, & le re-
» tour du soleil répandant de nouveaux charmes

» fur la femme, la rendit encore plus belle aux
» yeux de Protogène.

» Les Dieux du haut de l'Olimpe, applaudirent
» à cette fcène intéreffante, & le fort de ces mortels
» leur parut fi doux, que Jupiter lui-même jaloux
» de leur bonheur, fe promit bien de ne pas dé-
» daigner les plaifirs dont ils jouiffoient ; c'eft de-
» puis ce jour, qu'on l'a vû transformé en taureau
» enlever Europe, defcendre chez Danaé en pluie
» d'or, en cigne chez Léda, & la foudre à la main
» chez Sémélé.

» C'eft même de ces alliances des Dieux, imi-
» tateurs de Jupiter, avec de fimples mortelles,
» que nous autres Fées tirons notre illuftre ori-
» gine : filles des Dieux, & dépofitaires d'une por-
» tion de leur puiffance, ils ont voulu que nous
» jouiffions comme eux de l'immortalité, en dépit
» des Déeffes jaloufes, qui n'ont d'avantage fur
» nous, que celui d'habiter l'Olimpe, & d'y rece-
» voir le nectar de la main d'Hébé ; frivoles hon-
» neurs, dont nous fommes dédommagées fur la
» terre, foumife à notre empire, ainfi que tous les
» élémens.

Parifis, occupé de la grandeur & de l'importance
des faits, que Fétiffe venoit de raconter fur l'origine du monde, & fur celle des premiers habitans

de la terre, n'avoit ofé interrompre la Fée; mais elle n'eut pas plutôt achevé, qu'il ne put retenir fes larmes en regardant l'aimable fille de Meris, & fe rappellant la trifte deftinée de la femme : » Quoi, s'écria-t'il en élevant les yeux au Ciel, ma » chere Gallie n'eft pas douée de la plus belle ame! » Cette tendreffe qu'elle a pour moi, cette fenfibi- » lité de fon cœur, qui pénètre fi fouvent le mien, » ne font donc que l'effet d'une machine organifée?

Fétiffe le confola, en lui difant que la femme éprouvoit à peu-près les mêmes fenfations que l'homme; que les Dieux, dont il ne falloit pas trop chercher à pénétrer les décrets, étoient juftes, & qu'il y auroit fans doute des dédommagemens pour ces êtres privés de l'immortalité.

Ce difcours de Fétiffe raffura Parifis; il fe flatta que la Fée elle-même pouvoit bien être dans l'er- reur, au fujet de la véritable deftinée de la femme : il crut que Jupiter, n'ayant pas dédaigné de def- cendre quelquefois jufqu'à s'unir avec elle, ne pouvoit pas l'avoir laiffée dans un état inférieur à celui de l'homme; ce qui le confirma dans cette efpérance, ce fut la variété des fentimens des mortels, au fujet des Dieux eux-mêmes, de la nature & de l'excellence defquels, chaque nation s'étoit formé un fyftème different.

Gallie parut touchée du fort de fon fexe ; elle s'en plaignit à Méris ; tandis que Naïs, qui n'en faifoit que plaifanter , vouloit perfuader à Frivolidès , que fa façon d'être & de penfer tenant beaucoup plus de celle de la femme que de celle de l'homme, il pouvoit fort bien n'être comme elle qu'une fimple machine ; mais cet étourdi , qui ne penfoit guère plus avantageufement de l'homme que de la femme , foutint tout bas aux Dames mécontentes, que la bonne Fée radotoit ; qu'elle n'avoit lû , malgré fes lunettes, que très-fuperficiellement dans le facré Grimoire , & fans Eufémus , qui le traita d'impie , ce téméraire eût été beaucoup plus loin.

Les fêtes finies , les Pariféens fatisfaits de la réception de Fétiffe , reprirent avec Francus & fa Cour le chemin de la Ville ; les nouvelles promeffes de la Fée , préfage heureux de la prochaine exécution de celles de Minerve, répandoit fur le cœur de l'infortuné Pâris, un rayon d'efpérance qui lui rendoit la vie ; il fe flattoit enfin de toucher au moment tant fouhaité de revoir fa chere Œnone, de la retrouver encore dans la fleur du bel âge, & de brûler pour elle des mêmes feux , dont l'amour avoit embrâfé leurs cœurs au printems de leurs jours ; fouvenir délicieux , dont la puiffance enchantereſſe diſſipoit juſqu'à l'idée de ſes malheurs paſſés!

La ſaiſon qui s'avançoit, en retenant les Pariſéens dans les États de Francus, parut à leur Chef un tems volé à ſa vive impatience; pour en précipiter les inſtans que l'oiſiveté eut rendu éternels, il ſe fit une occupation de s'inſtruire des mœurs & des uſages des différens peuples voiſins de ces contrées, & de ce qu'on en pouvoit craindre ou eſpérer.

Il apprit que les Rhémiens, les Soiſſonniens & les Nerviens, les bornoient au nord; que toujours unis entr'eux, ils s'appelloient freres; que Francus avoit fait alliance avec leurs Chefs; de ſorte que les ſeuls ennemis qu'il eût à redouter de ce côté, étoit ce déluge de Celtes, qui, venus de l'Aſie mineure, ſous la conduite de Celtès, inondoient les rivages du Rhin juſqu'à la mer; mais que Fétiſſe, par ſon pouvoir, les avoit heureuſement toujours éloignés de ces contrées, où règnoit une éternelle paix. On ſe promit bien, que ſi jamais ces Barbares tournoient leurs armes vers les rivages de la Seine, on ſe réuniroit pour les combattre. Ils étoient alors occupés contre les Inglis, nation ſauvage & belliqueuſe, qui des rives de la Tamiſe, ſembloit commander à l'Océan atlantique.

F iij

Tolonius & Bocaris, qui par leur conduite aussi sage que modérée s'étoient acquis la plus grande cosidération, jurèrent de ne point abandonner les Pariséens, & promirent à Francus, s'il étoit jamais attaqué, tous les secours qui pourroient dépendre des Marsilliens & des Arélates : on fondoit aussi de grandes espérances sur ce redoutable Longho, l'ami & l'allié des Troyens, qui, Celte d'origine, étoit devenu l'ennemi déclaré de cette nation errante.

Pâris admira la sagesse du gouvernement de la nouvelle Troye, en conçût la plus grande espérance ; il vit avec une sécrette satisfaction, que Francus en avoit rejetté cette lâche administration, la source des malheurs de l'ancienne Illion ; qu'il avoit mis de l'ordre dans ses finances, proscrit le luxe, & cette insubordination des membres & des Chefs de toutes les classes; enfin, qu'il existoit des mœurs, de la décence; que la religion étoit respectée, les peuples heureux, & les Dieux adorés. Il désaprouva seulement la trop grande autorité des Ministres des Dieux, qui, possesseurs des plus riches domaines, formoient une sorte de république indépendante, au milieu d'un état libre.

Un jour, que Pâris entrant dans quelques détails à ce sujet, faisoit sentir à Francus les dangers de ce vice de gouvernement.

« J'ai déjà réfléchi plusieurs fois, lui dit-il, sur
» les inconvéniens de cet aveugle préjugé, la bâse
» de l'empire des Druides ; les Dieux sont si puis-
» sans, & les hommes si foibles, que ces derniers
» ont toujours eû besoin d'une espèce d'ordre in-
» termédiaire entr'eux & la Divinité, qui pût leur
« servir d'interprète, & lui adresser leurs vœux ; à
» ce que j'ai pû en apprendre ; des étrangers ins-
» truits, & d'un mérite supérieur, se font d'abord
» chargés en ces contrées de ce rôle très-délicat,
» & en ont avec le tems, tiré de si grands avan-
» tages, que devenus les oracles de ces peuples
» nouveaux, en abusant de leur crédule simpli-
» cité, ils en ont obtenu leurs meilleurs domaines ;
» une partie de ces Druides est restée dans la société,
» attachée au service des autels qu'ils ont élevés ; &
» l'autre, sous le nom de Monos, & d'une vertu plus
» sublime encore en apparence, tout en renonçant
» aux biens périssables de la terre, pour ne s'occu-
» per que des Dieux, ont été se former des habita-
» tions délicieuses dans le paisible sein des vastes
» forêts, ou sur les bords fleuris des ruisseaux for-
» tunés, qui fertilisent nos plus riches campagnes,
» & ces sévères Monos ont dit, tout ceci est à nous.

» Envain, j'ai voulu nombre de fois détromper
» ces peuples grossiers ; victimes d'un préjugé fatal,
» je n'ai pû rompre le charme qui les séduit ; le
» voile est encore sur leurs yeux , & Fétisse elle-
» même , dont vous connoissez la puissance, craint
» de se compromettre : ces pieux Solitaires, inutiles
» par état , semblent n'avoir renoncé à la société,
« dont ils recueillent les fruits, que pour se souf-
» traire aux soins inséparables du commerce des
» hommes ; contens de jouir en paix, dans le sein
» de la mollesse & du repos, des travaux de leurs
» ancêtres, ils répètent sans cesse avec orgueil, que
» ce sont leurs peres qui ont défriché ces terres,
» dont on leur reproche la possession ; que c'est à
» leurs travaux & à leur industrie , qu'on en doit la
» fertilité.

» Hé bien, leur dis-je un jour, qu'assemblés dans
» la forêt sacrée, ils osoient me taxer d'injustice, il
» faut vous traiter comme vos ancêtres l'ont été ;
» s'ils s'emparèrent des terres abandonnées & in-
» cultes, leur tâche fut au moins de les défricher,
» quelle devienne aussi la vôtre ; aujourd'hui que
» ces peuples se sont multipliés, & que leur nombre
» s'est accrû par notre arrivée en ces lieux, cher-
» chez plus loin d'autres déserts incultes ; que faites
» vous enfin au milieu de cette société, à laquelle

» vous avez renoncé ? Remettez à des familles
» infortunées , aux défenseurs de la patrie, ces
» terres que vos prédécesseurs ont rendues fertiles,
» & qui ne doivent rien à vos soins; c'est le patri-
» moine de l'État; vous en avez joui assez & trop
» longtems dans les bras de l'oisiveté. Vous élevez,
» nous dites-vous, vos innocentes mains vers le
» Ciel? une bêche à la main , tournez les plutôt
» vers la terre; à l'exemple de vos fondateurs, for-
» mez de nouveaux établissemens dans ces déserts,
» dans ces landes incultes, qui n'attendent que des
» bras pour ouvrir leur sein , & produire de nou-
» velles richesses. Voilà quel fut & quel doit être en-
» core votre lot, si vous ne voulez pas vivre inuti-
» les, fardeau de cette même terre qui vous nourit.

» Que nous vous devions aujourd'hui ce que
» nos ancêtres ont bien voulu devoir aux vôtres,
» à ce titre la société vous réclame comme ses
» membres, & vous redevenez ses enfans.

» A peine le fils d'un Citoyen laborieux jouit-il
» de l'héritage de ses peres, acquis à la sueur de
» leur front, que mille circonstances imprévues,
» qu'une nombreuse famille, que des malheurs
» inattendus, le forcent souvent malgré lui de s'en
» dépouiller; par quel préjugé fatal, faut-il, trop
» injustes Monos, qu'à la honte de l'humanité, vos

» droits foyent plus facrés que ceux d'un fils ; &
» que vos domaines, à quelque titre que vous les
» poffédiez, par un privilège barbare, à l'abri des
» orages, fous la fauve-garde des loix, foyent iné-
» branlables ainfi que le rocher au milieu des tem-
» pétes ? Parce que vos ancêtres, que vous appellez
» vos peres, en abufant d'un nom fi faint, quoique
» défavoués de la nature, ont été des hommes,
» faut-il que vous ceffiez d'en être, en dévorant
» dans le fein de l'oifiveté, le fruit de leurs travaux ?

Pâris convint de la néceffité d'abolir, ou tout
au moins de reftraindre les privilèges des Monos,
& l'on fit à ce fujet de très-beaux réglemens ; mais
attendu que ces adroits Solitaires, dans les fiècles
d'ignorance, furent depuis les interprètes & les
feuls dépofitaires de ces actes, ils ne fe font plus
retrouvés, & les abus ont continué.

Enfin l'hyver commençant à fécher fes aîles de
glace, les Pariféens prefferent leur départ ; les
préfens fans nombre, dont Fétiffe & Francus les
avoient comblés, en rendoient les préparatifs plus
confidérables ; mais enfin, par les foins infatigables
de Pâris & de fonfils, tout fut prêt pour leur départ
au retour de la belle faifon.

LIVRE NEUVIÉME.

A peine le printems ayant fait difparoître les noirs frimats , avoit réveillé la nature affoupie , & l'hirondelle de retour , commençoit à reconnoître les lieux , d'où l'approche du trifte hyver l'avoit éloignée , que les Pariféens , au grand regrèt de Francus & de Plancée , s'emprefferent de continuer leur route : ils cotoyoient le fleuve , pleins de la douce efpérance dont Fétiffe les avoit flattés , qu'ils feroient bientôt les fondateurs d'un vafte empire.

Après quelques jours de marche à travers un pays délicieux , ils trouvèrent la Marne , qui , bordée d'une forêt de faules & de peupliers , fe réuniffoit à la Seine fous le rocher de Karenthon : (1) leurs ondes ne fembloient fe joindre , que pour fertilifer de concert un valon enchanté , digne du féjour des Dieux ; Zéphir lui-même , ofoit à peine agiter la tranquile furface des eaux ; elles paroiffoient fufpendre leurs cours avec complaifançe , pour s'arrêter plus longtems dans ces beaux lieux.

Pâris , frappé de la douceur du climat & de la richeffe du payfage , fit repofer fes Compagnons fatigués , fur le penchant de la coline , pour de-là contempler à loifir , le cours paifible de ces fleuves

____

(1) Aujourd'hui Charenton.

réunis. Une longue plaine couverte de cabanes, s'étendoit le long des rivages de la Seine, qui formoit à peu de distance de-là plusieurs îles, dont l'aspect charmoit les yeux. Les côteaux délicieux d'Ivris, couronnés de forêts majestueuses, s'élevoient sur la gauche; d'autres en amphitéâtres, reposoient la vue sur la droite; & deux montagnes taillées en pyramides, terminoient agréablement l'horison vers le Couchant. (1)

Un vieux Druide, appellé Karenthon, Chef d'une douzaine de Monos, le même qui donna son nom au rocher qu'il s'étoit creusé en cet endroit, apprit aux Pariséens, que ce pays étoit habité par de prétendues Déesses; c'est-à-dire, par des femmes qui ayant usurpé les droits de la Divinité, vivoient entr'elles en société dans de riantes habitations, situées au Midi du fleuve; & que les Samotides, peuples soumis à ces fières beautés, avoient leurs cabanes sur le rivage opposé. Karenthon ajouta, que disciple du sage Druis, il attendoit dans cette solitude depuis plusieurs années, le moment de tirer le voile qui couvroit les yeux de ce peuple aveugle, sans avoir encore pû en trouver l'occasion : il indiqua ensuite à Paris le

----

(1) Montmartre & le Mont Valérien.

moyen de plaire aux Samothides & de mériter leur confiance, en paroiſſant adopter leurs préjugés.

Le fils de Priam, qui ſentit toute l'importance de ce ſage conſeil, recommanda à ſes Compagnons la réſerve la plus ſévère, & ſur-tout à Frivolidès & aux autres Troyens, de réprimer leur spropos légers ſur le compte des femmes, qu'ils avoient plus l'habitude d'aimer que de reſpecter : ils jurèrent tous, & Frivolidès lui-même, de ſe conformer à cet ordre.

L'exercice de l'hoſpitalité, étoit la première vertu de cette peuplade ; on n'attendoit point le voyageur, on voloit au-devant de lui ; c'étoit une perſonne ſacrée que tout Samothide devoit recevoir, protéger & défendre contre la violence, au péril même de ſa vie ; s'il arrivoit à l'étranger quelque malheur, la cabane de l'hôte qui ne l'avoit point ſecouru, étoit livrée aux flâmes : **ce** peuple offrit donc aux Pariſéens toutes ſortes de rafraichiſſemens ; chacun ſe diſputa l'avantage de leur être utile : mais, à la vue des femmes, ou plutôt ſelon leurs idées, des Déeſſes qui daignoient voyager avec eux & partager leurs tentes, on les regarda bientôt comme des hommes extraordinaires.

Ce peuple étoit gouverné par un Vieillard reſpectable, nommé Magus ; il reçut les Pariſéens avec bonté , leur affigna un terrein pour dreffer leurs tentes , & combla leurs Chefs de préfens ; fucceffeur du grand Dis-Samothès fon pere , il n'avoit d'autre ambition , que celle de voir un fils qu'il aimoit tendrement , occuper fa place après lui ; Sarron étoit le nom de cet enfant chéri ; élevé dans la religion de ce peuple fuperftitieux , fes mœurs , fes loix & fes préjugés étoient la règle de fa conduite ; il n'ignoroit rien de tout ce qu'il lui avoit été poffible d'apprendre ; fon goût pour les arts utiles & le rapport de l'âge , en firent bientôt l'ami du jeune Parifis , qui guidé par la même paffion , étoit auffi curieux d'augmenter fes connoiffances , mais comme les refforts de ce gouvernement étoient couverts d'un voile impénétrable aux étrangers , & qu'il n'étoit permis aux Samothides mêmes de parler de leur religion que dans les bocages facrés , afiles de leurs Prêtres , rien n'étoit fi difficile que d'en pénétrer les myftères.

De fon côté le fils d'Œnone , guidé par la fageffe de fon pere , ne s'ouvrit d'abord que foiblement à Sarron ; mais bientôt l'amitié la plus tendre les unit au point , qu'ils fe dévoilèrent leurs plus fécrettes penfées.

Ce fut dans un de ces entretiens intimes , que Parifis déjà inftruit par le vieux Karenthon , apprit

plus particulièrement de fon ami , que les Samothides ne connoiffoient d'autres Divinités que les
femmes , & qu'ils les croyoient immortelles ; c'é-
toit , difoit religieufement le fils de Magus , les
mains facrées de ces Déeffes qui avoient fufpendu
les aftres au firmament , & qui dirigeoient leur
marche ; elles préfidoient , felon lui , aux faifons ,
& c'étoit leur profonde fageffe qui les entretenoit
dans leur ordre conftant ; les unes veilloient à la
naiffance & à la confervation des arbres, des plantes , des fruits & des fleurs ; les autres , deftinées à
peupler la terre , y defcendoient tour à tour : il
étoit défendu aux Samothides d'approcher du rivage qu'elles occupoient ; ce côté de la Seine étoit
pour eux une barrière facrée, & ce n'étoit qu'après
leur mort , qu'ils pouvoient efpérer d'habiter cette
terre enchantée , pour y jouir des plaifirs les plus
vifs ; l'entrée des îles que le fleuve ceignoit en cet
endroit de fes eaux tranquiles , leur étoit feulement
permife à certains jours marqués.

C'étoit à la première que les Samothides portoient les tributs qu'ils payoient à ces fières Déeffes ;
la feconde , nommée l'île de Sein , étoit le féjour
ordinaire des neufs Vierges , qui avoient reçu du
Ciel des lumières & des graces extraordinaires , &
qui y rendoient leurs oracles ; la troifième , appellée

Lutèce, du nom de la Divinité alors regnante, entièrement couverte de bois, étoit deſtinée aux myſtères de l'amour ; les Déeſſes s'y rendoient tour à tour dans de petits canots d'oſier revêtus de peaux ; & c'étoit pour faire ſentir aux hommes la prééminence qu'elles leur accordoient ſur toutes les autres créatures, qu'elles daignoient les aſſocier au bonheur de former leurs ſemblables ; de cette union de la Divinité avec les mortels, naiſſoit, ſelon eux, un compoſé d'ame & de corps, un tout moitié animal, moitie Dieu, moitié mortel, moitié immortel.

C'étoit encore, diſoit Sarron, par un excès de bonté, & pour inſpirer plus d'amour que de reſpect, que ces Déeſſes daignoient paroître aux yeux des hommes, ſous une figure plus ſéduiſante que terrible : » & qui pourroit en douter ? ajoutoit le jeune » Samothide avec entouſiaſme, tout ne nous dit-il » pas que ce ne ſont point des êtres ſemblables à » nous ? embellies par des graces que nous n'avons » point, je ne ſçais quelle douce majeſté éclate » ſur leur viſage ; leurs yeux ſeuls, par le pouvoir » qu'ils ont d'enchanter tous nos ſens d'un ſeul » regard, nous répètent ſans ceſſe, qu'il n'y a que » des Divinités qui puiſſent opérer de ces pro- » diges.

Pariſis

Parifis voulut foutenir un jour, que le foleil étoit au moins un auffi grand Dieu que ces Né=reïdes.

» Le foleil, répondit Sarron, par fes rayons » bienfaifans, ne fait naître que des fleurs & des » fruits, & les Divinités que nous adorons, font » naître des hommes : le fein de nos Déeffes eft » notre premier berceau; c'eft dans elles, & par » elles, que nous recevons la vie, & les plaifirs les » plus vifs qu'il nous foit poffible d'éprouver; nous » ferions bien ingrats, fi nous leur refufions l'en= » cens qui leur eft dû.

Le fils d'Œnone, qui trouvoit fon bonheur écrit dans les yeux de Gallie, fut au moins obligé de convenir, que des Déeffes qui voudroient venir fur la terre fe faire adorer des hommes, ne pour=roient fe préfenter à eux fous un dehors plus aima=ble, & plus propre à mériter leurs hommages; mais encore tout rempli de ce que Fétiffe leur avoit conté fur l'excellence de l'homme, il avoit peine à concilier ces idées, avec ce que lui difoit Sarron de ces nouvelles Déeffes; fi fon cœur & fon efprit confentoient fans peine, malgré le récit de la Fée, à reconnoître les Néreïdes pour fes égales, la fierté de fon fexe, ainfi que fa raifon, fe refufoient à leur accorder la divinité; il fe fentoit fait pour les

II. Partie. G

aimer, mais non pour les adorer : à fon retour, il fit part à fon pere de la confufion de fes penfées fur ce fujet ; Pâris lui répondit, que chaque nation avoit fes préjugés ; qu'il falloit tout voir, tout entendre, & fur-tout refpecter les diverfes opinions des différens peuples fur l'objet de leur culte.

Cependant le vénérable Magus, courbé fous le poids des années, les yeux affoiblis, & déjà tournés vers la terre, n'attendoit que le moment d'aller rejoindre fes ancêtres ; enfin affuré qu'il touchoit au terme de fa longue carrière, il fit approcher Sarron, & après avoir fait écarter tout le monde, il lui tint ce difcours.

» Il y a cent ans, mon fils, que les Dieux m'ont
» donné le jour, qu'ils ont animé cet argile, & que
» je jouis de leurs bienfaits dans ces heureux cli-
» mats ; j'ai vû cent fois renaître le printems ; j'ai
» planté de ma main ces chênes orgueilleux qui
» bravent la fureur des vents, & dont ma foible
» vue ne peut plus atteindre la cime ; j'ai vû renou-
» veller toute la furface de cette terre ; mourir &
» renaître les habitans qui la couvrent ; le Ciel
» feul, & ces aftres brillans qui en parcourent l'é-
» tendue, toujours les mêmes, n'ont fouffert au-
» cune altération.

» Je fens que je touche à mes derniers mo-

» mens ; je ne verrai point la fête prochaine de
» nos Déesses, ni la céremonie sacrée des Vierges ;
» voilà la serpe d'or qui doit couper la vervaine ;
» je remets ce dépôt sacré dans tes mains, puisque
» c'est toi, mon fils, qui dois me succéder.

» Depuis plus de soixante années je suis le sou-
» verain de ce peuple, son juge, le chef des neuf
» interprêtes des oracles de nos Déesses, & le mi-
» nistre de leurs autels ; toute la puissance est réunie
» en moi ; ma mémoire est le seul livre où tu puisses
» lire l'histoire des tems & la vérité ; c'est de mon
» pere, qui mourut à peu près à mon âge & dans
» ce même lieu, c'est du célèbre Dis-Samothès,
» qui nous réunit le premier en société, que je tiens
» les sécrets importans que je vais te révéler ; à
» mon exemple, n'en fais part à ton fils, qu'au
« moment où tu descendras chez les morts ; que
» jamais ces peuples, aussi simples que bons, ne
» pénètrent ces sacrés myſtères ; je vais déchirer le
» voile qui couvre tes yeux ; écoute moi pour la
» dernière fois.

» Il est des Dieux, mon fils, garde toi d'en
» douter ! leurs ouvrages immortels te le disent
» assez ; ces astres qui brillent dans les Cieux, sont
» autant de caractères de feu qui instruisent l'uni-
» vers de leur puissance, ainsi que de leur bonté ;

» mais ces Dieux, ne font pas comme tu le penfes;
» ce fexe aimable, à qui notre foibleffe a dreffé
» des autels; il n'eft que l'ouvrage le plus parfait
» qui foit forti de leurs mains; nous ne fommes
» nos Déeffes & nous, que des êtres qu'ils ont for-
» més avec quelque complaifance, & qu'ils ont
» également animés de leur fouffle divin.

» Ce fut au printems de l'âge de mon pere, que
» ces fières beautés, enorgueillies de l'avantage
» que leurs graces leur donnoient fur les hommes,
» afpirèrent à les fubjuguer, à les forcer de tomber
» à leurs pieds, & qu'elles osèrent enfin s'élever
» jufques fur l'autel : écoute, mon enfant! ma mé-
» moire encore fidèle, va te retracer l'hiftoire de
» de ces tems reculés.

» Lorfque Dis-Samothès mon pere, fans doute
» le plus grand des mortels, fortit de l'enfance, &
» que commençant à fe connoître, il jetta les yeux
» autour de lui, il ne vit que des hommes abrutis,
» allant prefque nuds, répandus çà & là dans les
» bois, vivant de glands & de leur chaffe, ainfi
» que les animaux les plus fauvages; il s'indigna de
» cet état malheureux; fon grand cœur lui infpira
» que l'homme étoit né pour jouir d'un autre fort,
» & il fe fentit affez de force pour tenter de le leur
» procurer.

« Les femmes, peut-être plus parfaites que nous,
» mais au moins plutôt formées & inftruites fans
» doute par l'Amour lui-même, filles, dit-on, d'un
» je nefçais quel Dieu Nérée, furent civilifées les
« premières, & fous le nom de Néréides, vivoient
» déjà enfemble dans des cabanes, défendues par
» d'épaiffes enceintes d'épines entrelaffées ; elles
» ne fe communiquoient aux hommes que certains
» jours de l'année, où elles ne paroiffoient à leurs
» yeux, que dans tout l'éclat de leur gloire, &
» couronnées de fleurs ainfi que des Divinités :
» ceux-ci, chargés des travaux les plus pénibles,
» les fervoient en efclaves, gardoient leurs trou-
» peaux, enfemençoient leurs terres, cultivoient
» leurs fruits, & dévoués à leurs volontés, fe te-
» noient au dehors de l'enceinte, toujours prêts à
» voler à leur commandement ; tantôt des rames
» à la main, ils les promenoient dans de légers
» canots, peints de diverfes couleurs, fur les eaux
» tranquiles du fleuve ; d'autres fois, il les por-
» toient comme des Déeffes dans de petits chars,
« ornés de guirlandes de fleurs.

» Ces fières Néréides, accoutumées à parler
» avec empire & à commander en fouveraines à
» ces hommes groffiers, fe crurent des Divinités,
» & parvinrent infenfiblement à le perfuader d'au-

» tant plus aifément à ces bons Sauvages , qu'ils
» ne connoiffoient d'autre bonheur que celui dont
» elles les enivroient, lorfqu'oubliant pour quel-
» ques inftans leur grandeur, elles daignoient quel-
» quefois condefcendre à leurs vœux.

« Mon pere , efprit vafte & fublime , infpiré par
» l'amour , & ardent dans fes défirs , épris des
» charmes de la jeune Gallionide , qu'une fauffe
» politique déroboit fans ceffe à fon empreffement,
» ofa penfer qu'il n'étoit pas né pour ramper à fes
» pieds ; honteux du vil efclavage auquel il fe
» voyoit affervi , & voulant en percer le myftère ,
» il parla en fécret aux Sauvages de ces contrées
» dont il avoit la confiance , échauffa leur efprit,
» éveilla leur orgueil, & en eût fait des hommes , fi
» les Néréides inftruites de fes projets, n'en euffent
» prévenu l'exécution.

» Un jour que fes amis guidés par fes confeils ,
» s'étoient affemblés en grand nombre, & pour
» la première fois, dans un endroit écarté de la
» forêt voifine , & y délibéroient fur la façon de
» fecouer le joug de ces prétendues Divinités ; les
» Néréides informées de leurs deffeins , & n'y pou-
» vant oppofer la force , pafferent toutes fur la
» rive gauche du fleuve , bien réfolues de n'avoir à
» l'avenir aucun commerce avec des ingrats, qui

» oſoient entreprendre de ſe ſouſtraire à l'aveugle
» dépendance , dans laquelle elles les tenoient de-
« puis ſi longtems aſſervis.

« Si les Samothides moins foibles , euſſent pû
» ſe réſoudre à réprimer , ou du moins à déguiſer
» pendant quelque tems l'impétuoſité de leurs dé-
» ſirs , c'étoit fait de leur eſclavage ; l'amour lui-
» même eût bientôt ramené ſous leurs loix ces ai-
» mables victimes ; mais leur impatience les perdit.

» Le Ciel , ou plutôt un heureux haſard ſecondé
» de quelque artifice , ſembla parler en faveur des
» femmes ; des feux étincelans qui brillèrent ſur les
» rives de leur habitation , ſemblèrent en défendre
» l'accès aux hommes ; l'horiſon ſe couvrit de nua-
» ges affreux ; le tonnere gronda ; la Seine ſortit de
» ſon lit , renverſa les cabanes des Samothides ,. &
« noya leurs troupeaux.

» Le peuple , toujours fait pour être la victime
» des ſpectacles , ainſi que des préjugés impoſans ,
» ſe crut perdu , implora les Déeſſes , jerra ſes arcs
» & ſes flêches dans le fleuve , demanda humble-
» ment la paix , & promit à genoux d'être à l'ave-
» nir plus ſoumis.

» Mon pere , peu touché de ces phénomènes ,
» dont il connoiſſoit les cauſes naturelles ; mais
» indigné de la foibleſſe de ſes imbéciles Com-

» pagnons, céda aux circonſtances ; bien réſolu à
» la première occaſion, de ſe ſouſtraire à la ſervi-
» tude dans laquelle ces peuples étoient faits pour
» languir.

» Mais tout grand qu'il étoit, mon pere avoit
» un maître, & ce maître étoit l'Amour ; ſon ca-
» raƈtère vif & bouillant l'avoit rendu redoutable
» aux femmes, & Gallionide qui avoit un grand
» empire ſur ſes Compagnes, n'obmit rien pour
» s'attacher ce jeune Samothide, perſuadée que
» c'étoit le ſeul moyen de retenir tous les autres
» dans le reſpeƈt.

» Un jour, après l'avoir attiré ſeul dans le
» bois ſacré, & lui avoir laiſſé concevoir les
» plus douces eſpérances, elle lui tint à peu près
» ce diſcours

» Jeune homme, je lis dans ton cœur, mes yeux
» l'ont pénétré, tu m'aimes malgré toi ; ſi tu veux
» être heureux, ceſſe de t'oppoſer au culte que tes
» pareils ſont faits pour nous devoir ; crois-nous
» de ſimples mortelles, ſi telle eſt ta penſée ; mais
» en fermant les yeux ſur nos prétentions ainſi que
» ſur nos foibleſſes, laiſſe nous continuer de rece-
» voir l'encens du peuple, & d'être ſes Divinités ;
» à l'exemple d'autres nations, il en pourroit choiſir
» de plus ridiçules ; ſois, ſi tu veux, le premier des

» hommes, la place eſt aſſez belle pour ſatisfaire
» ton ambition ; ſubjugues-les, deviens leur Roi,
» ta grande ame eſt faite pour les commander, &
» nos oracles affermiront ton empire ſupréme ;
» fléchis devant nous enfin, & tout fléchira devant
» toi; nos plus belles Déeſſes feront le prix de ta
» complaiſance: s'il eſt vrai que tu m'aimes autant
« que je le crois, oſes m'élever un autel, & dans
» l'inſtant je cède à tes vœux ; dans les délicieux
» réduits de nos ſombres boſquets, ſous le voile
« ſacré du myſtère, l'amour te rendant mon égal,
» fera ta récompenſe, mais que cet important
» ſécret, ne ſoit que pour toi ſeul ; ton bonheur
» & ta vie en dépendent.

» Samothès enivré d'amour, tomba aux genoux
» de la Néreïde.

» En vous adorant, lui dit-il, je ne ferai que
» fuivre les mouvemens de mon cœur... Oui,
» vous méritez des autels ! je cours vous en élever
» d'une main, & je les défendrai de l'autre.

» Les fermens les plus ſacrés confirmèrent cette
» promeſſe, & les careſſes les plus tendres en furent
» le ſceau.

» Samothès, au comble du bonheur, rejoint
» alors les ſiens, leur déclare les volontés ſuprémes
» des Déeſſes, & donne à tous l'exemple du reſpect

» le plus profond pour ce fexe impérieux ; tel eft ,
» mon fils, l'excès de la puiffance de l'amour.

» Ce fut alors que le Confeil des Neuf fut inftitué
» par mon pere, que les neuf Vierges pafferent
» dans l'île de Sein pour y rendre des oracles, &
» que l'autre ifle fut deftinée au rendez-vous des
» Déeffes, pour y faire le bonheur des hommes ;
» il fut défendu à ceux-ci , de paffer au-delà fous
» peine de mort : on fixa les tems, la durée & le
» cérémon al de ces voyages amoureux : il fut
» réglé que les enfans des deux fexes , feroient
» élevés par les meres jufqu'à trois ans, & qu'à cet
» âge , les garçons feroient remis à leurs peres : ce
» fut alors que ce nouveau peuple prit le nom de
» Samotide , pour immortalifer celui du grand
» Dis-Samothès.

« Telle eft , mon fils , l'origine de nos Déeffes,
» de leur culte , & de ce rang fuprême que je vais
» te laiffer ; je le tiens de mon pere, & c'eft par fes
» confeils, & après de férieufes réflexions, que j'ai
» marché fur fes pas.

» A fa mort , l'impérieufe Gallionide difparut ;
» je feignis de me laiffer perfuader, que retirée
» dans le Ciel, elle y jouiffoit d'un bonheur fu-
» prême ; une nouvelle Divinité en defcendit en
» ma faveur , & fut accordée à mes vœux ; ce fut

» Lutèce, ta mere, qui donna son nom à cette
» île fortunée ; cette jeune Déesse parut sur nos
» autels comme un nouvel astre, les peuples
» l'adorèrent, & je l'aimai : j'ai coulé avec elle,
» dans le sein de la paix, les jours les plus heu-
» reux, les années seules ont éteint insensiblement
» dans mon cœur cette vive flâme, que je m'étois
» accoutumé à croire immortelle ; enfin ma mort
» prochaine, va te livrer cet empire, avec une
» nouvelle Déesse qui saura t'embrâser des mêmes
» feux ; je la connois, mon fils ; c'est la jeune Lilia ;
» elle est charmante, & digne de toi.

» J'ai bien des fois réfléchi sur ce qu'il y avoit
» à gagner ou à perdre en changeant de système
» (continua Sarron) ; mais tout bien pesé, j'ai
» persisté à suivre celui que j'avois embrassé d'a-
» bord par le conseil de mon pere ; dans l'étude
» sérieuse que j'ai faite de ce sexe enchanteur, il
» m'a paru si difficile à conduire, que pour mon
» propre repos, j'ai cru devoir céder aux circons-
» tances & préférer de lui obéir ; l'expérience m'a
» appris, que si ce n'est pas le parti le plus glorieux,
» c'est au moins le plus sage : en le suivant, j'ai
» coulé de longs jours & constamment heureux ;
» imite mon exemple ; tu dois, mon fils, pour ton
» propre bonheur, accréditer encore cette chi-

» mère ; la douceur de ta vie en dépend : souviens
» toi que le peuple aveugle, ne voit que ce qu’on
» lui fait voir ; si tu détruis son idole, tremble
» pour tes jours ; content de règner sur les hom-
» mes, laisse les autels à ce sexe orgueilleux ; sa
» foiblesse est de dominer ; ta puissance, étayée
» de la sienne, n’en sera que plus solide ; garde
» religieusement ce sécret de l’Etat, & ne le confie
» à ton fils, qu’à tes derniers momens.

Magus prononça ce discours avec tant de
force, que sa voix s’affoiblissant tout-à-coup il
tomba dans une foiblesse qui me fit craindre pour
sa vie ; on le transporta dans le bois sacré, & le
dernier oracle qu’il y rendit, fut que les Déesses
désignoient son fils pour son successeur ; les neuf
Vierges confirmèrent hautement ce choix ; & le
peuple plein d’allégresse, répéta mille fois le nom
de Magus.

Peu de tems après, ce respectable Vieillard termina sa carrière, au grand regret de tous les Samothides ; il les avoit gouvernés en paix, & comblés d’un bonheur, dont leur profonde ignorance
étoit la source & la bâse ; il leur étoit défendu de
cultiver les Sciences & les Arts ; c’étoit même une
espèce de deshonneur parmi eux, d’en avoir la
teinture la plus légère ; mais ils savoient cultiver

la terre, se construire des cabanes commodes, tirer parti de leurs troupeaux, filer la laine, le lin, la soie, & en faire des vêtemens ; l'île fortunée leur offroit des plaisirs, dont leurs sens satisfaits ne laissoient à leur esprit ni inquiétude ni remords ; & ces plaisirs n'étoient qu'une foible image de ceux plus durables encore, dont ils devoient jouir avec leurs Déesses au sortir de la vie. Tel étoit le sort dont jouissoit ce peuple à la mort du sage Magus, dont le corps, selon l'usage, fut transporté avec pompe dans un canot, orné de cyprès & tendu de voiles noires, de l'autre côté du fleuve, où il fut déposé religieusement sur le rivage, au bruit de mille chants funèbres.

Le jeune Sarron eût à peine fermé les yeux du meilleur & du plus tendre des peres, qu'il se retira dans une solitude voisine, pour s'y abandonner à toute sa douleur ; Parisis, le seul des étrangers admis dans cette retraite, essaya vainement de consoler son ami, qui, absorbé dans la plus noire mélancolie, gardoit obstinément un profond silence ; & les Samothides tremblans, étoient pénétrés de la même douleur qui accabloit leur jeune Souverain.

Il falloit cependant qu'il se fit couronner aux pieds des autels des Déesses ; qu'il leur offrit l'encens, & qu'il reçut la couronne des mains de la

divine Lilia ; le Confeil des Neuf le conjuroit de
fe rendre à Lutèce ; les Déeffes impatientes, commençoient à fe plaindre d'un fi long délai, & Parifis lui-même ne favoit plus qu'en penfer, lorfqu'un jour preffant fon ami de lui ouvrir fon cœur,
Sarron le fit en ces termes.

» Je ne fçais, mon cher Parifis, ce que font ces
« Dieux fi vantés de l'Égypte ; animaux ridicu-
» les, ou plantes chétives, ils ont toujours révolté
» mon efprit ; nos Déeffes, formées par les Grâces,
» & faites pour être aimées, me paroiffent au
» moins plus dignes de notre hommage ; mais le
« voile de l'erreur répandu fur ces peuples fimples
« par les mains de l'aveugle préjugé, eft enfin levé ;
« le charme eft rompu ; je les connois ces Déeffes,
« devant qui nous fléchiffons le genou ; elles ne
» tiennent leur divinité que de notre foibleffe ;
» leurs autels ne font fondés que fur notre igno-
» rance ; la vérité, quoique tardive, s'eft enfin
« montrée à mes yeux ; mon pere en expirant,
» m'a dévoilé ces honteux myftères : ces femmes
» hautaines, devant qui nous tremblons l'encen-
» foir à la main, qui d'un mot décident de notre
» fort, dont le regard févère nous en impofe, ne
» font en effet que des êtres ordinaires : tu me l'a-
« vois bien dit, fage éttranger ! que ces dédai-

» gneuſes beautés, n'étoient que l'ouvrage d'un
« Dieu ſouverain, ſeul auteur de cet univers;
» que ſemblables à ces aſtres ſuſpendus dans les
» Cieux, à ces caractères lumineux qui nous re-
» tracent ſa grandeur, elles n'étoient ainſi que
» nous, que des témoignages ſenſibles de ſa toute
« puiſſance!

» Naturellement fier, j'ai ſouvent gémi de tomber
» à leurs pieds; je ne ſçais quelle voix ſécrette crioit
» au fond de mon cœur, qu'elles étoient nées pour
» être nos égales & nos compagnes, & qu'il étoit
» d'autres Divinités: mais au moindre mot qui
» m'échapoit ſur ce ſujet, avec quelle ſévérité mon
» pere ne rabaiſſoit-il pas mon orgueil! mes doutes
» mêmes étoient des crimes, & mes queſtions des
» ſacrilèges; je voulois, diſoit il, pénétrer les ſécrets
» des Dieux, & percer des myſtères, ſur leſquels
» toute réflexion nous étoit interdite: mais c'eſt
» vous-méme, ô mon pere, c'eſt vous, qui prêt à
» voir vos yeux ſe fermer pour toujours, avez
» enfin daigné ouvrir les miens.

« Oui, mon cher Pariſis, nos Déeſſes ne ſont
» que de ſimples Néreïdes comme les vôtres; telles
» enfin que tu en as vû parcourir les forêts de Vau-
» cluſe avec l'aimable Gallie: l'eſprit des femmes,
» plus délié & plus parfait, ſans doute, s'eſt dé-

» veloppé avant le nôtre; mais au lieu de nous
» conduire vers la Divinité, elles en ont ufurpé
» les droits; la crainte de nous voir leurs maîtres,
« leur a infpiré de nous faire leurs efclaves; &
» lorfque le voile eft déchiré, j'irois lâchement
» tomber à leurs pieds? recevoir à genoux la cou-
» ronne de leurs mains? Non! je ne fléchirai point
» devant ce fexe altier. Je pourrois à fon exemple,
» en ufant du droit du plus fort, monter à mon
» tour fur l'autel, & le faire obéir; mais je laiffe ce
» vain orgueil à d'autres peuples plus barbares ou
» plus fages que nous : me préferve l'auteur de
» l'univers d'attenter à fes droits ! à lui feul, quel
» qu'il foit, j'offrirai déformais des facrifices, & la
» couronne ne me tente plus, s'il faut l'acheter
» par une indignité : Lilia, dont on vante les
» charmes, viendroit en vain me l'offrir elle-
« même; qu'elle defcende de l'autel, pour s'affeoir
» au trône avec moi, ou je n'y monterai jamais.

Parifis ne pût s'empêcher de louer le noble
orgueil de fon ami : ils gémirent enfemble fur la
deftinée de ces peuples, jouets de l'artifice le plus
groffier; ils plaignirent les fils dont les peres furent
fi longtems trompés, & qu'un préjugé fatal en-
traînoit encore fur leurs traces dans le même aveuglement.

» Dieux

» Dieux immortels ! s'écria Sarron dans la sainte
» colère qui le transportoit, pourquoi demeurez-
» vous enveloppés dans les ombres de la nuit ?
» Pourquoi ne foudroyez-vous pas ce sexe ingrat,
» qui, sorti de vos mains, vous enlève ainsi notre
» hommage ? Pourquoi d'un de vos regards, ses
» autels en poudre ne manifestent-ils pas leur foi-
» blesse & votre puissance ?

Parisis, plus sage & moins impétueux, lui suggéra
d'admettre Pâris dans leur Conseil ; il lui dit,
qu'instruit par le malheur, il avoit encore l'expérience que donne l'âge ; qu'il connoissoit les
hommes ; qu'ami des Dieux & de la vertu, il
guideroit ses pas dans ce moment critique.

Sarron, cruellement agité, incertain du parti
qu'il avoit à prendre, dans une entreprise qu'il
n'osoit confier à aucun des siens, alla trouver
Pâris, & lui répéta tout ce que Magus mourant
lui avoit révélé.

Le fils de Priam, flatté de cette confidence, ne
dissimula pas à ce jeune Prince, que le culte que
les Samothides rendoient aux femmes, étoit abusif
& dénué de tout fondement ; mais il lui représenta
en même tems, combien il étoit dangereux de toucher aux opinions des peuples, quelques absurdes
qu'elles fussent, quand le tems les avoit consacrées :

il lui cita des empires détruits ; des nations entières
maſſacrées , ou réduites en eſclavage pour une
ſimple formalité, pour un mot, ou pour une cérémonie ſouvent en elle-même indifférente : il lui fit
comprendre, que dans la poſition où il ſe trouvoit,
la conduite la plus ſage à tenir, étoit de diſſimuler
& de commencer par s'affermir ſur le trône, où le
peuple & les prétendues Déeſſes l'appelloient, ſauf
à examiner les choſes à loiſir, pour les approfondir
davantage, & y apporter les remedes convenables
dans un tems moins orageux.

Cependant les Déeſſes inquiètes de ne point
voir arriver Sarron, commençoient à craindre
quelque effet de la vivacité de ſon caractère ; la
vieille Lutèce trembloit déjà, que Magus mourant, n'eût malgré ſa promeſſe, fait à ſon fils la
confidence, dont Dis-Samothès ſon pere lui avoit
fait part dans les derniers momens de ſa vie.

Heureuſe indiſcrétion, ſans laquelle les deſcen-
dans de ce peuple crédule, ſeroient peut-être encore réduits à ramper aux pieds de ces fières Divinités, & à ſacrifier à leurs caprices !

Les liaiſons intimes de Sarron avec les étrangers,
redoubloient les inquiétudes des Déeſſes ; Gallie
& ſes Compagnes, belles, douces, complaiſantes
& libres au milieu des habitations des Samothides ,

pouvoient y faire naître des idées, & caufer une révolution fubite.

Le Confeil des neuf Vierges étoit déjà convoqué dans le bois facré, pour conférer fur cet objet, lorfqu'on vint annoncer l'arrivée du nouveau Monarque. L'autel étoit couvert de fleurs ; la couronne y fut dépofée avec un fceptre de rofes, & le trône étoit préparé : les Déeffes du premier ordre, fe rendirent à Lutèce dans le plus galant appareil, avec toute la pompe de la Divinité ; leur front couronné de mirthe, étoit rayonnant de gloire ; une noble fierté brilloit dans leurs yeux ; on eût dit à l'orgueil de leur démarche, à l'air impofant de leur maintien, qu'elles étoient nées pour difpenfer à leur gré les couronnes aux foibles mortels.

Le foleil pour embellir cette fête, s'étoit levé fans nuage ; l'air étoit pur & ferein ; les Zéphirs mêmes fembloient n'ofer troubler le cours paifible de la Seine ; fa furface étoit un miroir où le Ciel étoit peint, & fes ondes fufpendues paroiffoient attendre ce grand événement : en un inftant le fleuve fut couvert de barques peintes de diverfes couleurs, chargées de la fuite nombreufe du jeune Prince. Pâris & Parifis mêlés dans la foule, furent témoins de cette fingulière cérémonie, à laquelle ils avoient plus de part que le commun du peuple ne l'imaginoit.

L'île deftinée à cette pompe augufte, offroit de toutes parts le fpectacle le plus riant; l'émail de mille fleurs embelliffoit fon rivage; les arbres, parés des nouveaux ornemens du printems, formoient les abris les plus agréables, fous lefquels retentiffoient les chants des roffignols; toute la nature en un mot, fembloit concourir à la fplendeur de cette fête.

Au milieu de cette île s'élevoient neuf chênes immenfes, dont les cimes étendues en fe réuniffant formoient une voûte impénétrable aux rayons du foleil: l'intérieur étoit orné de guirlandes de fleurs artiftement fufpendues, dont les nuances entremelées avec la verdure formoient la plus agréable variété, & repréfentoit un cercle parfait; au pied de chacun de ces arbres, étoit un autel pour chacune des neuf Vierges prophéteffes, qu'on y voyoit de bout, les cheveux épars, & tenant en main l'efpèce de cors avec lequel elles publioient leurs oracles: un double rang de Déeffes du fecond ordre, occupoit les intervalles; affifes fur des gradins de verdures, elles étoient vétues de blanc, couronnées de fleurs, & tenoient à la main une branche de mirthe; au centre de ce lieu révéré, s'élevoit un autel plus confidérable que les autres, pour la divine Lutèce. Cette Déeſſe, déjà ſurannée, placée ſur un trône élevé, tenoit le ſceptre d'une main, & de l'autre la couronne.

Le cortège de Sarron, étoit auſſi brillant que nombreux: le Conſeil des Neuf ouvroit la marche, en brûlant de l'encens & des parfums; les Eubages ſuivoient, vêtus de longues robes de lin ſemées de lys, & ceints d'une large bande de cuir: le jeune Prince venoit enſuite, habillé à peu près de même, la tête nue, & les cheveux flottans; ſa ceinture étoit un jeune roſier flexible, armé de ſes épines mêlées de roſes, pour marquer que le trône avoit ſes peines, & n'offroit pas toûjours des plaiſirs ſans mélange; les Bardes ſuivoient en chantant des cantiques en l'honneur des Déeſſes, & le peuple fermoit la marche, en portant des tiges de verveine.

Sarron & les neuf Chefs du Conſeil ſuprême, après avoir été admis dans l'enceinte ſacrée, en firent le tour à pas lents, les mains croiſées ſur la poitrine, & tombèrent à genoux au pied du principal autel, à l'exception du jeune Prince, qui oſa reſter fièrement de bout, au grand étonnement des Déeſſes.

Lutèce, à qui ſon grand âge donnoit plus d'expérience qu'aux autres, paroiſſant ne pas s'apper-

cevoir de ce manque de refpect, pofa la couronne
fur la tête du nouveau Monarque, & remit le
fceptre en fes mains, aux acclamations de tous les
Samothides : les neuf Vierges mêlèrent leurs voix
à celles des Bardes, & prédirent tous les prodiges
qui devoient rendre à jamais célèbre le nouveau
règne ; elles chantèrent la gloire & la félicité du
vieux Magus, qui pour prix de fon attachement
au culte des Déeffes, rendu à fa première jeuneffe,
jouiffoit dans les Cieux de tous les agrémens attachés à cet âge ; & Lutèce finit par annoncer, que
reprenant bientôt elle-même fes premières graces,
dont les vapeurs de la terre avoient flétri la frai-
cheur, elle iroit le rejoindre dans le féjour Célefte,
& qu'une jeune Immortelle en alloit defcendre à
fon tour, fous le nom de Lilia, pour partager avec
Sarron les foins de l'autel & du trône.

Il étoit de la politique de ces Néréides, à chaque
renouvellement de règne, de remplacer les vieilles
Déeffes par de plus jeunes, dont les charmes naif-
fans puffent foutenir leurs prétentions : le nouveau
Roi avoit feul le privilège d'aller les recevoir de
l'autre côté du fleuve, fans armes & fans fuite ;
cette feconde cérémonie fuivoit ordinairement la
première ; mais plus myftérieufe encore le peuple
en étoit écarté.

Les Samothides répandus dans les délicieux bocages de l'île fortunée, sous des ombrages frais,
dont la tendre Volupté suivie des Grâces, sembloit
faire tous les honneurs, attendirent selon l'usage,
le retour du nouveau Roi.

A peine l'étoile du soir annonça le déclin du
jour, que Sarron passa le fleuve avec Lutèce & les
Déesses de sa suite, dans une barque ornée de fleurs,
& tendue de voiles de pourpre ; dès que la nuit
répandit ses ombres, des torches enflâmées brillèrent dans les mains des neuf Vierges : c'est au vif
éclat de ces feux, que le fils de Magus porte ses pas
vers un vaste souterrein, dont l'entrée effrayante
est taillée dans les flancs tortueux d'un rocher
escarpé ; il y descend d'un air intrépide, au milieu
des Prêtresses qui l'environnent, mais au triste
silence qui avoit été observé jusqu'alors, succèdent
tout-à-coup des cris lamentables ; & la vieille Lutèce se présentant pour servir de guide au jeune
Prince, lui dit d'un ton imposant.

» Ne crains rien, mon fils, c'est ici le séjour des
» orgueilleux mortels qui ont refusé pendant leur
» vie de nous adresser leurs vœux ; privés de toute
» consolation, ils ne sortiront jamais de ces gouffres
» enflâmés d'où tu les entens gémir.

Sarron, qui ne doute pas que ce ne soit l'effet

de quelque preſtige, veut s’approcher & tout voir
de plus près ; mais on l’arrête , ſous prétexte que
fait pour jouir d’un ſort plus doux , la vue de ce
ſéjour d’horreur ne doit pas ſouiller ſes regards
vertueux ; alors il s’élève des flâmes , on entend
des cris , que les échos de ces ſombres lieux mul-
tiplient dans ces vaſtes ſouterreins ; le tonnere
gronde ; & Sarron, à la pâle lueur des éclairs, croit
voir dans le lointain , des malheureux qui cher-
chent à ſe débaraſſer d’horribles ſerpens qui les
environnent.

De-là , paſſant dans des lieux plus ſiniſtres encore, où les enfans d’Éole ſemblent avoir déchaîné
leur fureur , les torches des Vierges , après avoir
lutté quelque tems contre les vents , s’éteignent ,
ſe rallument d’elles-mêmes , & cèdent enfin à la
violence de ces impétueux tyrans des airs ; un ſeul
de ces flambeaux , toujours prêt de mourir , élevant de tems en tems une flâme vacillante , qui
ſemble ne devoir plus reparoître , laiſſe entrevoir
un ſpectre ſi reſſemblant au vieux Magus , que ſon
fils croit même entendre la voix de ce reſpectable
Vieillard , qui lui dit d’être fidèle aux Déeſſes , &
que le bonheur de ſa vie eſt attaché à leur culte ,
mais Sarron n’en eſt pas moins intrépide.

Alors les vents ſe calment ; la flâme expirante

du dernier flambeau communiquée aux autres, les ranime, & la caverne éclairée, laisse voir un autel éclatant, sur lequel on immole un agneau, symbole de l'innocence : Sarron est arrosé du sang de la victime, & ses entrailles fumantes, promettent au jeune Prince le règne le plus heureux, & la plus belle des Déesses.

De-là, le nouveau Monarque est conduit dans une grotte souterraine, où règnent les plus épaisses ténèbres ; abandonné seul en ces sombres lieux aux réflexions les plus noires, il y passe le reste de la nuit, dans l'attente de la fin de ces affreuses cérémonies.

Les Déesses, attentives aux moindres gestes du fils de Magus, frémirent de son sang-froid ; & après avoir tenté de l'attacher à leur culte par la crainte, délibérèrent de le retenir prisonnier dans ces horribles souterrains, & de choisir un autre Roi ; mais Lutèce qui se sentoit pour lui des entrailles de mere, promit à ses Compagnes de l'enchaîner à leurs autels par l'appas des plaisirs, en lui procurant un bonheur si parfait, qu'il n'en auroit pas d'autre à désirer.

L'intrépide Sarron, toujours conduit par Lutèce & les neuf Vierges, sortit avec un dédaigneux sourire de ces sinistres lieux, au moment que le

foleil commençoir à dorer l'hémifphère : le contrafte de la nuit la plus fombre avec le jour le plus
brillant, exçita en lui une commotion agréable ,
que fon ame enchantée communiqua à tout fon
corps ; fes yeux crurent voir le foleil pour la première fois ; fon cœur fembla renaître , & toutes fes
facultés reprendre une nouvelle exiftence.

Le Chef des Samothides , dans l'ivreffe qu'é-
prouvoit fon cœur enchanté , jettant les yeux fur
la droite, vit la terre jonchée de fleurs ; une fource
abondante y tomboit d'un rocher , & après avoir
formé une cafcade naturelle, s'alloit perdre dans
des bofquets agréables : il découvrit fur fa gauche ,
une vafte prairie traverfée par différens ruiffeaux ,
qui dans leurs courfes vagabondes, alloient arrofer
les tapis toujours verds des berceaux délicieux ,
que les mains des Déeffes avoient entrelaffés , &
les fleurs qui bordoient ces rivages répétées dans
les eaux , y paroiffoient attachées fur l'azur des
Cieux ; une double avenue de mirthes, exacte-
ment couverte d'un feuillage épais, conduifoit à
une enceinte fermée de rofiers touffus , & fi ferrés
qu'on ne pouvoit les franchir ; un ruiffeau ferpen-
tant à l'entour, l'embraffoit de fes ondes fugitives,
& en défendoit encore l'entrée.

Les neuf Vierges demeurèrent à la porte de

cette enceinte, où Lutèce entra feule avec Sarron.

» C'eſt ici, mon fils, lui dit-elle , que la nou-
» velle Divinité qui me doit fuccéder a dû ſe ren-
» dre ; c'eſt la plus parfaite des Déeſſes qui ait
» honoré la terre de ſes regards : ſa belle ame ,
» defcendue du Ciel fur l'arc d'Iris , anime le
» plus beau corps ; encore embaraſſée dans cette
» étroite priſon, où elle ne fait que d'entrer , un
» profond ſommeil l'y tient enſevelie : mérites par
» tes reſpects , qu'elle daigne deſcendre juſqu'à
» t'aimer ; ton bonheur dépend de toi : adieu, cher
» Prince ; puiſſes-tu reſſembler au plus tendre des
» peres ! Voici le ſanctuaire fortuné , où le fils de
» Vénus va te faire partager les plaiſirs des Dieux ;
» à ces mots, Lutèce diſparut.

Sarron, dans cet âge heureux , où l'amour eſt
l'aliment naturel du cœur , éprouve un trouble
dont il ne peut ſe rendre raiſon : au bruit d'une
ſimphonie agréable qu'on entend de loin , une
douce mélancolie s'empare de ſes ſens ; il devient
rêveur ; mais en portant les yeux autour de lui , il
entrevoit fur une éminence voiſine ombragée d'un
bois épais , un eſpèce de petit temple ruſtique ,
fermé par de longs voiles de pourpre , ſuſpendus à
de haut peupliers & retenus par de riches agraſſes :
tremblant pour la première fois , il approche , &

l'air lui femble parfumé des plus douces odeurs.

Au milieu de cette efpèce de temple & fur un lit de fleurs, repofoit une jeune Divinité; fa tête, négligemment renverfée, étoit foutenue par des carreaux de duvet; fa poitrine élevée, repréfentoit les flots agités par les Zéphirs; une gaze légère la couvroit, & le jour qui ne perçoit qu'à peine à travers cet afile myftérieux, n'y laiffoit entrer qu'autant de lumière qu'il en falloit pour en défirer davantage.

Le jeune Prince, faifi d'admiration, oublie en ce moment tout ce que fon pere lui a dit des Néréides; il croit voir la Déeffe Hébé; fon cœur encore plus que fes yeux, le confirme dans cette idée; il tombe aux pieds de la jeune beauté, & le lit de fleurs où repofe tant de graces, lui paroît un autel facré; un faint refpect enchaîne la vivacité de fes tranfports; il veut parler, & fa voix expire fur fes lèvres, dans la crainte de troubler le repos de ce chef-d'œuvre de l'Amour.

» Eh! que m'importe, fe dit-il alors en lui-
» même, que les Néréides ne foient que de fimples
» mortelles, fi mon bonheur dépend de les adorer?
» De toutes les Divinités de nos voifins, de toutes
» celles dont les Pariféens eux-mêmes nous vantent
» fans ceffe la grandeur & l'excellence, en eft-il

« qui foit comparable à cette jeune beauté ? elle
» n'eft pas Immortelle, je le fçais ; mais qui mérite
» mieux de l'être ? & que me fait à moi une immor-
» talité dont je ne pourrois jouir ? bientôt accablé
» du poids des années, rongé d'infirmités & d'en-
» nuis, je ferois indigne d'elle ; il ne me refteroit
» que le chagrin de la perdre : loin donc que la
» courte exiftence de tant de charmes diminue en
» rien mon amour, je le fens croître par la feule
» idée que les Dieux l'ont faite pour moi, & que
» notre félicité doit commencer, fubfifter & finir
» dans le même efpace de tems . . . Mais, où m'en-
» porte ma folle ardeur ? Puis-je donc méconnoître
» la Divinité à cet affemblage de toutes les graces ?
» Peut-être mon pere a-t'il été lui-même dans
» l'erreur ? Car d'où vient que je fuis faifi d'un
» faint refpect ? pourquoi ce trouble de mes fens ?
» d'où naît cette douce ivreffe qui me pénètre, &
» que je ne puis comprendre ? Ce voile important
» m'afflige, me gêne, & ma main tremblante n'ofe
» le toucher ! Cette Néreïde eft foible, délicate ;
» je fuis jeune, préfomptueux, hardi jufqu'à la
» témérité, & je me furprens moi-même à fes
» pieds ! Je crains de lui déplaire, dans l'inftant
» même où le fommeil & la folitude de ces lieux
» l'abandonnent feule à mes tranfports ! . . . Ah !

» fi ce n'eft qu'une fimple mortelle, il faut que les
» Dieux ayent au moins gravé fur fon front l'em-
» preinte de la Divinité !

Comme Sarron fe livroit à ces douces réflexions,
un rayon de foleil échappé à travers les ceintres de
verdure qui ombrageoient ces lieux, vint fe fixer
fur la bouche vermeille de l'aimable Lilia ; toutes
les graces parurent s'y raffembler, & les rofes éclore
fur fon teint ; foit qu'un fonge agréable occupât
alors fes efprits ; foit que cette vive lumière eût
frappé fubitement fes yeux, elle y porta une de
fes belles mains, laiffant tomber l'autre négligemment du côté de Sarron, qui s'en faifit avec vivacité, en y collant fes lévres enflâmées.

A ce tranfport inattendu, Lilia fort du profond
affoupiffement qui s'eft emparé de fes fens, entrouver fes beaux yeux, les promène timidement
autour d'elle, & rougiffant du défordre où elle fe
trouve, débaraffe doucement fa main de celle du
jeune Prince, qui n'ofe réfifter, pour la porter
avec précipitation fur fon voile qui s'échappoit,
& fes yeux tournés fur Sarron y demeurent fixés;
fans doute que les vieilles Déeffes l'avoient inftruite
de la dignité de fon être, de fes prérogatives, de
l'empire de fon fexe, & du rôle qu'elle avoit à
jouer ; mais toutes ces belles leçons dictées par la

politique, font oubliées en un inftant; la nature feule fe fait entendre; quelques mots articulés fans fuite; des regards incertains conduits par l'innocente pudeur, font les préludes de cette fcène intéreſſante.

Le Chef des Samothides, auſſi interdit que Lilia, ne peut trouver de mot pour exprimer ce qu'il reſſent : il renferme toute fa joie dans fon cœur; mais fes yeux enflâmés, & les foupirs qu'il laiſſe échapper, rendent bien mieux le fentiment que les difcours les mieux étudiés; leur embarras enfin étoit extrême, lorfque Lutèce reparut.

» Jeune homme, dit-elle à Sarron, voilà la » Divinité qui doit combler tes vœux; mais elle » ne peut faire ton bonheur, que tu n'ayes brûlé » cet encens à fes pieds, & juré de l'adorer tou- » jours.

» Eh ! qui pourroit s'y refufer ? s'écrie avec » tranfport l'amoureux fils de Magus ; je prétends » de ma main lui dreſſer un autel, & malheur au » Samothide téméraire, qui refuſera d'y fléchir le « genou ! Que le Ciel, garant de mes fermens, « m'écrafe de fa foudre, fi je ne fuis fidèle à ma » promeſſe jufqu'au dernier inftant de ma vie !

A ces mots, il fe profterne devant Lilia, répand l'encens fur le feu facré, & la fumée qui remplit le lieu faint , dérobe la retraite de Lutéce ; qui de ce moment difparut pour jamais.

O Amour ! ô toi qui fut le miniftre & le Dieu de cette charmante union , toi feul pourroit nous peindre les plaifirs de ces jeunes époux ! mais, fi tu les couvris des ombres du myftère , je dois imiter ta prudence ; & toi chafte Pudeur , fouveraine de ces tems reculés , puifque j'en retrace l'hiftoire , conduis ma plume , prête-moi ton voile de rofe ; fi ton empire eft détruit dans nos cœurs , qu'il règne encore dans nos écrits.

Une douce fimphonie fe fit entendre, & s'approchant par dégrés , on diftingua des voix mélodieufes qui chantoient le triomphe de Lilia & le bonheur de Sarron : une troupe de jeunes Déeffes du fecond ordre , fortit de tous les côtés des fombres avenues du bois facré , & environnèrent l'eftrade ; toutes étoient vêtues de longues robes blanches agraffées fur le genou ; une large ceinture marquoit l'élégance de leur taille , & leurs cheveux mêlés de fleurs, defcendoient en ondes fur leurs cols d'albâtre : c'étoit la nouvelle Cour qui devoit fervir la Déeffe Reine ; elles préfentèrent au couple heureux , toutes fortes de rafraîchiffemens ; les unes arrangent les cheveux en défordre de la divine Lilia , tandis que d'autres la

revétiffent

revétiffent d'une robe éclatante ; Sarron, toujours dans l'admiration de fa nouvelle Compagne , la contemple en filence , & l'amour continue d'embrâfer fon cœur des plus tendres feux.

Ce fut dans cette troupe de jeunes Déeffes , que le Roi choifit les neuf Vierges nouvelles, qui devoient deffervir l'autel de Lilia, & rendre les Oracles ; car les anciennes, condamnées à ne plus reparoître, étoient deftinées à refter avec Lutèce dans l'intérieur de cette terre, pour former, felon l'ancien ufage, le Confeil suprême.

Ce choix fait, il fallut fe rendre aux vœux d'un peuple empreffé, qui attendoit fa Déeffe & fon Roi, avec la plus vive impatience.

Lilia, couronnée de fleurs , marchoit au milieu de fa nouvelle Cour , fous un dais fuperbe ; quoiqu'environnée des plus belles Néréides, la nobleffe de fon regard , fa taille majeftueufe , & les graces répandues fur tous fes mouvemens , annonçoient la Souveraine de ces lieux ; Sarron précédoit fa Deeffe l'encenfoir à la main.

On repaffa le fleuve , aux acclamations d'un peuple nombreux , affemblé dans l'île de Lutèce ou fur le rivage oppofé ; & la divine Lilia, portée fur l'autel , y reçut les hommages de tous les Samothides , qui jurèrent à fes pieds la plus inviolable fidélité à fon culte & à celui des Déeffes.

De ce moment tout rentra dans l'ordre accoutumé; le nouveau Roi , plus idolâtre qu'aucun
de fes fujets , crut ce jour fortuné l'époque du
bonheur de fa vie : il eût été heureux en effet ,
s'il n'eût fuivi que les confeils du fage Pâris ; mais
la jeuneffe eft foible , & c'eft du fein de la félicité ,
dont elle fçait peu jouir , qu'elle fe voit fouvent
précipiter dans les plus grands malheurs.

LIVRE DIXIÉME.

PARIS s'applaudiſſoit du bonheur du nouveau Monarque, dont il avoit modéré les impétueux tranſports, & Sarron par les plus tendres careſſes lui en marquoit ſa reconnoiſſance : ce jeune Prince, après avoir donné les premiers momens à ſes ſujets, courut ſe repoſer dans les bras de l'amitié, & ouvrir ſon cœur au ſage Troyen, qu'il regardoit comme ſon pere.

Il lui conta, ſous les inviolables loix du ſécret, tout ce qui lui étoit arrivé ſur le rivage des Déeſſes, ſes diverſes penſées ſur les différens ſpectacles dont elles avoient frappé ſes yeux, & convint de bonne foi, qu'il ignoroit par quel charme ſurnaturel, ſon cœur devenu tout-à-coup ſenſible, avoit éprouvé un changement ſi ſubit ; il avoua même qu'il ne s'étoit fait aucune violence pour tomber aux pieds de la divine Lilia ; enfin, qu'il étoit réſolu de marcher ſur les traces de ſon pere, & de jouir de la félicité qui lui étoit préſentée par les mains de l'Amour, ſans ſonger à la troubler par des réflexions humiliantes ; ajoutant que ſon culte pouvoit bien avoir un objet imaginaire, mais que ſon bonheur étant réel, il lui importoit peu comment il lui venoit.

I ij

Sarron, ainſi livré aux douceurs de l'Amour, ne connut d'abord d'autre bien que celui d'adorer Lilia, & de paſſer à ſes pieds les plus doux momens de ſa vie ; mais bientôt dans la vivacité des feux dont ſon cœur étoit enflâmé, il ſe plaignit de l'étiquette gênante à laquelle il étoit aſſervi.

Il ne pouvoit voir ſa Divinité, que lorſqu'ilétoit mandé par elle ; depuis que le ſoleil avoit éclairé leurs premiers tranſporrs, la nuit devoit toujours les couvrir de ſes ombres myſtérieuſes, encore les inſtans en étoient-ils comptés ; il falloit que la lune fût alors dans toute ſa ſplendeur ; elle ſeule avoit droit de préſider à leurs ſécrettes entrevues.

Les Déeſſes préféroient la Reine des ténèbres au Dieu de la lumière, dont le trop grand éclat éclipſoit leurs graces, tandis que le demi jour que répandoit l'autre, ajoutoit à leurs charmes : c'eſt ſans doute de-là, que les Samothides ne comptoient que par les nuits, & que toutes leurs fêtes religieuſes ſe célébroient au clair de la lune.

La belle Lilia, par une fauſſe politique, & dans l'eſpérance de devenir plus chere encore à ſon jeune époux, affecta de ne ſe livrer que rarement à ſes déſirs ; mais les obſtacles qu'elle oppoſoit à la vivacité de ſes feux, jettèrent l'amoureux Sarron dans un chagrin mortel ; l'eſpèce d'exil dans lequel il languiſſoit éloigné de ce qu'il aimoit, lui paroiſſoit inſuportable. Envain ce jeune Prince, dans l'ivreſſe de ſes tranſports, fit il demander pluſieurs fois à ſa Divinité, la permiſſion de paſſer ſécretement le fleuve; elle lui fut conſtament refuſée, & cette Déeſſe altière, uſant de ſon empire, traitoit Sarron avec plus de dignité que de tendreſſe; le trop ſenſible fils de Magus, pénétré juſqu'au fond de l'ame des refus de ſon épouſe, ſentit ſon cœur gémir ſous les liens de cette dure ſervitude, & projetta de ſecouer un joug déſavoué par la nature & par l'amour; la tendre amitié lui ouvrit ſon ſein, & ce fut dans ſes bras qu'il chercha à ſe conſoler des rigueurs d'une impérieuſe, dont l'artificieux manège reçut enfin le prix qu'il méritoit.

Pariſis, attentif au ſoin de charmer les ennuis de ſon ami, lui offrit ſous ſes tentes, des fêtes qui furent acceptées. Amaſius & Frivolidès, verſés dans ce genre d'amuſemens ſi connus en Aſie, furent chargés de les diſpoſer, & d'en preſcrire l'ordre; Méris, Gallie, Naïs & leurs Compagnes, en firent les honneurs avec les jeunes Pariſéens; tout y reſpiroit la joye & la liberté, l'ame de tous les plaiſirs; l'Amour ſans bandeau, y folâtroit avec les Grâces, & les Graces modeſtes, en impoſoient à l'Amour ſans le rebuter.

I iij

Sarron, enchanté d'un fpectacle fi nouveau pour fes yeux, ne pouvoit fe laffer de l'admirer; il fut fur-tout frappé de la douceur & de la complaifance de ces étrangères, qui par l'agrément de leur commerce, faifoient le bonheur de cette troupe d'amis: époufes charmantes; amies tendres, les plaifirs voloient fur leurs traces, & la joie décente fembloit les fixer parmi eux; ici des danfes légères fe formoient au fon des voix; là, des inftrumens harmonieux en marquoient la mefure; le contrafte frappant de ces aimables Néreïdes, avec l'orgueil & l'air impérieux des dédaigneufes Déeffes Samothides, dont il connoiffoit la chimérique divinité, jetta Sarron dans une rêverie profonde.

» C'eft envain, Seigneur, lui dit un jour Ama-
» fius, que vous cherchez le bonheur dans vos
» Etats; ennemi de la fervitude & de la contrainte,
» il ne réfide que dans l'égalité: j'ai vû dans nos
« Cours des efpèces de Déeffes comme les vôtres,
» qui enorgueillies, de je ne fçai quelle origine
» illuftre, fe prétendoient bien au-deffus de nous;
« il n'eft qu'un moyen fûr d'abattre leur fierté,
» c'eft de porter fon encens à d'autres autels;
» choififfez parmi ces Vierges qui compofent la
» Cour de votre époufe, quelque jeune beauté
» d'un ordre inférieur, qui plus empreffée à vous

» plaire, vole fur l'aîle de l'amour au - devant de
» vos défirs; qu'elle vienne avec nous partager
» nos fêtes, & je me trompe fort, ou bientôt
» votre Lilia plus traitable, y viendra elle-même;
» c'eft ainfi qu'on en ufe en Afie; demandez à
» Frivolidès?

Celui-ci ne manqua pas de renchérir encore fur
ce que fon ami venoit d'avancer : toutes les Cours
font remplies de ces jeunes audacieux, qui enfans
de la licence, en verfent fans pudeur, le dangereux
poifon dans le cœur des grands : ces téméraires,
enhardis par l'attention qu'on donnoit à leurs difcours, auroient été beaucoup plus loin encore,
fans l'arrivée de Pâris, qui leur en impofa par fa
préfence; mais le trait étoit lancé, on en verra
bientôt les fuites.

Sarron, appuyé négligemment fur fon javelot,
voyoit tout fans rien voir; abîmé dans une foule de
penfées diverfes, il réfléchiffoit fur ce qu'il venoit
d'entendre, & méditoit fans doute déjà dans fon
cœur quelque intrigue fécrette, lorfqu'il fut tiré de
fa profonde rêverie par une danfe des plus vives,
exécutée avec tant de graces & d'expreffion par
la jeune Naïs, qu'il ne put retenir un profond
foupir. Ce fut en ce moment, que rappellant
fa fierté naturelle, il forma le dangereux projet

de fecouer le joug tyranique qu'il fupportoit impatiemment, & de choifir quelque Déeffe fubalterne, qui pût le confoler des caprices de la trop fière Lilia.

La folâtre Amanthide, dont l'innocente gaieté l'avoit déjà frappé plus d'une fois, revint à fon efprit, & lui parut propre à remplir fon objet; jeune, vive & née tendre, les graces qui l'avoient formée, fembloient s'exprimer par fa bouche : elle n'avoit pas encore éprouvé la puiffance de l'Amour; mais un fentiment inconnu commençoit à s'élever dans fon cœur, & déjà le défir lui faifoit entrevoir avec un doux frémiffement les routes féduifantes de la volupté : Sarron dans un entretien fécret qu'il fçut fe ménager, lui peignit avec des couleurs fi frappantes les fêtes des Parifées, que d'abord la curiofité fit naître à cette belle le défir d'en être témoin : mais, comment s'échapper des îles fortunées, & paroître au milieu de ces étrangers, fans être reconnue ? Amafius, confulté fur ce point, les tira d'embarras; une cire molle étendue fur une toile légère, prit tous les contours du vifage d'une femme aimable; les yeux d'Amanthide furent chargés feuls d'animer cette toile, le refte de fon vifage devoit refter voilé. L'imprudente Déeffe, charmée du ftratagême, &

preſſée par l'amoureux fils de Magus, promit de ſe prêter à tout.

Cependant la crainte de déplaire à Lilia, le pré-jugé, cet aveugle enfant de l'ignorance, ce tyran deſpotique de nos actions, cet éternel deſtructeur du plaiſir, la retint encore quelque tems; mais l'Amour, ce maître impérieux, cet aimable vainqueur à qui tout cède, fut enfin le plus fort. Amanthide, moitié ſéduite par Sarron, & moitié entraînée par le penchant qui conduit au plaiſir, ſuivit l'amoureux Monarque; arrivée en ſécret ſous les tentes des Pariſéens, elle fut frappée de la pompe de leurs fêtes, & de l'ordre qui y règnoit; mêlée parmi leurs femmes, ſans en être connue, elle parut plus tou-chée du bonheur qu'elles éprouvoient de vivre en ſociété au milieu des hommes, que du vain encens qu'ils brûloient en leur honneur ſur un autel inſen-ſible; elle reconnut l'orgueil des prétentions de ſes Compagnes, & les abjura dans ſon cœur; c'étoit toujours avec chagrin qu'elle retournoit à Lutèce, ſous la ſauve-garde de la nuit, qui prêtoit ſes voiles à ces voyages myſtérieux; bientôt la jalouſie in-quiète, cette noire furie attachée ſur les pas des amans, qui ſe nourit de leurs peines, qui ſe baigne avec volupté dans leurs laimes, trahit cet amoureux couple, & le fit boire à longs traits dans ſa coupe empoiſonnée.

Un matin que les étoiles commençoient à pâlir, que l'aurore fe montroit aux portes de l'orient, & que les fleurs courbées fous les perles de la rofée, fe relevoient pour regarder le pere du jour, & recevoir fes douces impreffions, la matinale Amanthide, au fortir des bras de l'Amour, repaffoit le fleuve fous la conduite de l'amoureux Sarron, qui ne la quittoit qu'après l'avoir dépofée à l'autre rive, lorfque le canot qui les portoit s'entrouvrant tout-à-coup, enfevelit ces amans dans les ondes, & le feul conducteur, encore faifi d'effroi, après s'être fauvé à la nage, alla porter aux Samothides confternés, la nouvelle de ce funefte événement.

L'altière & jaloufe Lilia, dès longtems inftruite de tout, étoit l'auteur de cette perfidie ; de quoi l'amour outragé n'eft-il pas capable ! Elle feignit d'abord d'être touchée de ce malheur, au point d'en paroître inconfolable, & mit fur le compte du Ciel, cette punition de l'infidélité d'un ingrat, dont elle eut foin de publier la trahifon.

Outre l'intérét perfonnel qu'elle avoit de venger l'infulte faite à fes charmes, ce téméraire attentat de Sarron avoit fait craindre aux Déffes, que Magus mourant, n'eût inftruit fon fils de l'origine du culte qu'on leur rendoit.

On publia pour l'honneur de la Divinité, qu'A-manthide indignée de la violence que ce Prince audacieux avoit ofé lui faire, l'avoit précipité elle-même dans le fleuve, & que marchant enfuite fur la furface des eaux, fans méme que la trace de fes pas y parût imprimée, elle s'étoit rendue à Lutèce, d'où elle étoit retournée au Ciel fur les aîles d'Iris. Toutes les Déeffes ayant affuré hautement qu'elles avoient vû ce prodige, les fuperftitieux Samothides y crurent; plufieurs même d'entre eux attestèrent en avoir également été les témoins; tant le peuple crédule, eft toujours difpofé à fe prêter aux illufions du fanatifme qui le gouverne!

Pâris, inconfolable de la mort de Sarron, accabloit de reproches Amafius & Frivolidès; c'étoient en effet leurs pernicieux confeils, qui avoient caufé la perte du Chef des Samothides: Parifis, enflâmé de colère, vouloit venger fon ami, & renverfer les autels des prétendues Déeffes, dont il connoiffoit l'origine & l'orgueil; mais fon pere lui fit fentir qu'il étoit au milieu d'un peuple nombreux, aveugle & prévenu, qui animé par la religion, feroit capable de fe porter aux plus grands excès, & dont il falloit plaindre l'erreur.

Celui de tous les mécontens qui fe rangea du

parti des Déesses avec le plus de chaleur, & qui parut à Pâris le plus redoutable, étoit le farouche Albion; outre qu'il descendoit du fameux Dis-Samothès, premier Roi de ces contrées, c'étoit encore un de ces audacieux fanatiques fait pour tout entreprendre, & assez brave pour tout exécuter; d'autant plus dangereux, qu'aveuglé par le préjugé, & peu fait pour réfléchir, la raison ne pouvoit rien sur lui; partisan outré du culte des Déesses, il avoit souffert impatiemment, qu'un étranger fut entré plus avant que lui dans la confidence de Sarron; son cœur jaloux, nourissoit depuis ce tems contre les Pariséens, une haine implacable.

Ce fut ce dangereux Samothide que les Déesses mandèrent à Lutèce, après la tragique catastrophe qui venoit d'arriver. Il lui fut d'abord ordonné de s'assurer des Néréides étrangères, qui par leur mauvais exemple, avoit donné lieu à la témérité du malheureux Sarron, & de les faire passer à Lutèce sous l'escorte d'une troupe choisie, à qui la garde en seroit confiée.

Cet ordre fut exécuté dès le jour même, avec tant de sécret & de célérité, que Pâris occupé à délibérer sur le parti qu'il avoit à prendre, n'eut pas le tems de s'opposer à cette violence.

Quel fut le défefpoir de Parifis, quand il vit Gallie & fes Compagnes, traverfer triftement le fleuve au milieu d'une troupe de gens armés! Son cœur frémit aux cris lamentables de ces infortunées, qui l'appellent à leur fecours, en tendant vers lui leurs mains tremblantes; on avoit donné ordre en méme-tems aux étrangers de fe retirer fous leurs tentes, & affaillis par la multitude, ils furent forcés d'obéir.

La pofition devint fi critique, que Pâris lui-même ne fçut d'abord à quoi fe déterminer: le préfent, & plus encore l'avenir, n'offroient à fon efprit agité, que les plus triftes images; la confternation étoit générale dans le Camp des Pariféens; ce n'étoit que cris douloureux, arrachés par le défefpoir aux infortunés qui pleuroient leurs époufes ou leurs meres; Amafius & Frivolidès, confondus, défefpérés des fuites funeftes du fatal confeil qu'ils avoient donné à l'infortuné Sarron, vouloient, dans la fureur qui les tranfportoit, paffer le fleuve, & aller feuls, au péril de leur vie, arracher les Pariféennes à leurs raviffeurs: mais on leur fit fentir l'inutilité d'une démarche fi téméraire.

On en étoit réduit à cette trifte extrémité, lorf-qu'un événement imprévu attira le peuple fur le rivage: c'étoient les cadavres de Sarron & d'Amanthide, que le fleuve avoit rejettés de fon fein.

Tous les Samothides émus à la vue du corps de leur Roi, pouſſerent des cris ſi lamentables, que toute la plaine en retentit; le fils d'Œnone courut embraſſer le corps de ſon ami, & l'arroſa de ſes larmes; puis faiſant élever un bucher ſur le rivage même, il alloit rendre à ce malheureux Souverain les derniers devoirs, lorſque le peuple arrivé en foule pour pleurer le ſort de Sarron, fit concevoir à Pâris un deſſein digne de ſon courage.

« Juſques à quand, aveugles Samothides (leur
» dit-il), ſerez - vous les victimes de votre ſtupide
» crédulité? Voyez dans la mort de votre maître,
» l'ouvrage impie de la ſuperbe Lilia ; un ſexe
» foible, fait pour obéir, & qui obéit en effet par-
» tout, oſe ici monter ſur l'autel au mépris des
» Dieux mêmes, & faire périr juſqu'à vos Rois.
» Voyez ce Prince adorable, & dont tous les jours
» devoient être marqués par des bienfaits ! C'eſt
» pour le venger, que les juſtes Dieux vous le ren-
» voyent ; & c'eſt pour vous déſabuſer, qu'ils ont
» permis que le corps d'Amantide fut auſſi jetté ſur
» ce même rivage. La voilà donc cette Immor-
» telle, cette Déeſſe, qui marchant ſur les ondes,
» eſt dit-on, retournée au Ciel, par une route
» inconnue aux humains ? Voyez ſon corps défi-

» guré, fes membres fans mouvemens, fes yeux
» fermés, ce vifage couvert des ombres de la
« mort, tel eft l'objet de votre culte & de vos
» autels ! Que peut opofer l'orgueil de ce fexe im-
» pofteur, au fpectacle qu'un heureux hafard, ou
» plutôt que le Ciel lui-même, vient offrir à vos
» yeux, pour déchirer le voile qui les couvre de-
» puis fi longtems, & détruire le charme qui vous
» féduit ? Que la crainte abandonne vos timides
» cœurs, qu'un noble courage y fuccède; con-
» noiffez enfin toute la dignité de votre être ; fon-
» gez que vous êtes des hommes, & que loin
» d'offenfer les Dieux, c'eft en leur rendant leurs
» autels ufurpés, que vous allez vous les rendre
» propices. Ils vous parlent ces Dieux ; c'eft par
» ma voix qu'ils s'expriment, ofez les écouter :
» aidez-nous à porter ces cadavres fur ce bucher ;
« vous les verrez également dévorés par la flâme,
» & leurs cendres mélées, confondre l'orgueil de
» vos Déeffes prétendues.

A ces mots, les Samothides interdits, confternés, s'approchent en pleurant ; ils examinent les
corps défigurés d'Amanthide & de Sarron étendus
fur le rivage ; ils fe regardent en filence, lèvent les
yeux au Ciel, & ne favent que penfer de cet événement tragique : c'étoit pour la première fois

qu'une Déesse paroissoit à leurs yeux dans cet état humiliant.

On plaçe alors religieusement les cadavres sur le bucher; chacun s'empresse d'y porter, selon l'usage, tout ce qui avoit servi au feu Roi, son sceptre, sa couronne, ses armes, ses équipages, ses meubles & ses vêtemens, pour être consumés avec lui; Pâris, une torche à la main l'allume, & la flâme bientôt élevée jusqu'aux Cieux, ne laisse & du Monarque & de la Déesse, qu'un peu de cendre, que le vent emporte & disperse dans les airs.

Albion, occupé à recevoir les différens ordres émanés du Conseil suprême, ignoroit à Lutèce ce qui se passoit sur le rivage opposé, & n'en fut instruit que par les flâmes du bucher; envoyé par les Déesses, il accourt, & trouve le peuple séparé en deux factions, dont la plus considérable s'étoit déjà unie aux étrangers; envain les Pariséens mettent tout en usage pour attirer ce furieux dans leur parti: ferme dans sa croyance, rien ne peut l'ébranler: l'évidence & la raison plaident envain la cause de l'humanité; le préjugé triomphe, & la main de l'aveugle fanatisme, raffermit les autels chançelans des Déesses.

Les parens, les amis de Sarron, se rangent du
côté

côté de ses défenseurs, & forment bientôt une troupe formidable, à la tête de laquelle se met Pâris lui-même, accompagné de Parisis, qui ne cherche qu'à se distinguer dansune guerre, dont la liberté de Gallie devient le prix : Tolonius & Bocaris suivent leur exemple; Amasius & jusque'à Frivolidès brûlans de les imiter, se sentent enflâmés du plus noble courage : s'ilsont sçû moissonner des mirthes dans les champs de la paix, la guerre ne leur est plus étrangère, la gloire devient l'objet de leurs vœux.

Comme le jour étoit déjà sur son déclin, Pâris résolut d'attendre le retour du soleil pour en venir aux mains; cependant il fait dire à Albion par Amasius, que si on ne leur rend pas leurs femmes, le sang même des Déesses va rougir le fleuve ; mais le furieux Samothide, indigné des prétendus blasphêmes de cet Etranger, & fort de la protection de ses Divinités, ne répond à ces menaces que par le mépris.

Dès le point du jour, les vengeurs de Sarron s'ébranlent, & marchent à l'ennemi sous la conduite de Pâris, de son fils, de ses Troyens, & du brave Tolonius, tandis que l'impétueux Albion, indigné d'être attaqué le premier, se précipite avec tant de fureur sur ses ennemis,

II. Partie.   K

que peu s'en faut qu'il ne rompe leurs rangs.

Ses deux fils, Alétès & Polibius, étoient dans le parti opposé : il ne les voit pas plutôt à la tête d'une troupe formidable, qui sème la terreur & l'effroi, que se portant vers eux, la fureur dans les yeux, & la rage dans le cœur : « Où courrez-vous » impies ? (leur cria-t'il d'une voix tonnante) » arrêtez, lâches déserteurs des autels de vos an- » cêtres ; tremblez que cette terre qui vous a vû » naître, ne s'entr'ouvre sous vos pas ; … mais » non, c'est à moi-même à venger nos Divinités.

Il lève alors son redoutable javelot ; Polibius, le plus jeune de ses enfans, jettant au loin ses armes, vole à son pere le sein découvert, & tombe à ses genoux.

» Ne crois pas, lui dit ce forcené, qu'une fausse » pitié s'empare de mon cœur & désarme mon » bras … tu demandes la mort ; tu la mérites ; » reçois la.

Le barbare à ces mots, enfonce le poignard dans le sein de son fils ; aveugle fanatisme, ce sont là de tes coups ! le cri de la nature fut toujours inaccessible à ton cœur.

Alétès accourt pour secourir son frere, & le trouve expirant : à la vue de ce corps sanglant : » Avance ! (dit-il à son pere) viens cruel ! il te

» reſte un fils à immoler ; ce ſacrifice eſt digne de
» toi ; viens ; mais ne penſes pas que déſarmé, j'aille
» lâchement te livrer ma tête ; à ton exemple, ſourd
» à la voix du ſang, j'imiterai ta barbarie ; ce n'eſt
» plus mon Roi que je cours venger, c'eſt mon
» frere : non, cruel, tes Déeſſes ne ſont que d'exé-
» crables Furies, dont j'abjure le culte impoſteur ;
» de vraies Divinités pourroient-elles inſpirer de
» ſemblables forfaits !

A ces mots, les deux troupes frémiſſent, re-
culent d'horreur, & détournent les yeux pour ne
point voir ce ſpectacle inhumain. L'approche d'A-
chille & d'Hector, n'offrit pas un ſpectacle plus
impoſant. Le pere & le fils ſe regardent d'un œil
farouche, & levant en même-tems leurs javelots,
s'alloient précipiter l'un ſur l'autre, quand Pariſis
vint ſe jetter au milieu d'eux : tout ce qu'il y a de
Guerriers fameux dans les deux partis les environnent à l'inſtant ; les traits volent de toutes parts,
le Ciel en eſt obſcurci, les fers ſe croiſent, & la
mêlée devient ſi tumultueuſe, que les cris des
mourans étouffent ceux de la nature.

Sur le rivage oppoſé, les Déeſſes éplorées tendoient vers le Ciel leurs mains tremblantes, &
l'appelloient à leur ſecours ; le deſtin de ces fieres
beautés, étoit attaché à celui d'Albion : on com-

battit tout le jour avec une rage égale ; l’acharne-ment étoit si grand de part & d’autre , que la nuit seule sépara les combattans.

La perte du côté d’Albion avoit été si considéra-ble , qu’il fit savoir aux Déesses, que quoique déter-miné à mourir pour elles, il lui seroit impossible de soutenir le lendemain l’effort de l’ennemi, sans quel-ques secours surnaturels de leur part : cette nou-velle glaça en un instant tous les cœurs, & le Con-seil assemblé par la crainte , ordonna qu’Albion & les siens , passeroient à Lutèce à la faveur des té-nèbres , pour mettre cette île à l’abri de toute in-sulte ; ce qui fut exécuté sur le champ.

Quel fut l’étonnement de Pâris , lorsqu’au point du jour , Bocaris vint lui dire que l’ennemi avoit disparu , & qu’il se montroit en bataille sur la rive opposée du fleuve ! Albion avoit eû soin d’emme-ner avec lui jusqu’aux plus petits canots ; de sorte qu’il étoit impossible de l’aller attaquer avant d’en avoir construit d’autres , ce qui demandoit un tems considérable.

Cependant Méris & ses filles se trouvoient au milieu de leurs ennemies, exposées au ressen-timent de ces jalouses Divinités ; & celles-ci , assurées de l’avantage qu’elles en pouroient tirer , au cas qu’elles se vissent trop pressées par l’ennemi , les gardoient à vue. L’île de Lutèce étoit bien à l’abri d’un coup de main ; mais les Déesses ne pouvoient se dissimuler, que si elles étoient forcées d’y rester quelque tems , elles seroient exposées à y manquer de tout, & que cette humiliation achevroit d’ouvrir les yeux au petit nombre d’adorateurs qui restoient attachés à leur culte : d’ailleurs en gardant une troupe d’hommes autour d’elles pour les défendre, n’étoit-ce pas dévoiler la foiblesse de leur sexe , & faire connoître à leurs défenseurs qu’elles étoient elles - mêmes sujettes comm’eux , à toutes les calamités humaines ?

Le moment étoit critique , la position délicate ; ce fut alors qu’elles commencèrent à sentir qu’elles n’étoient en effet que des femmes , & que le tems étoit venu de descendre d’un autel élevé par le préjugé , & dont la bâse n’étoit fondée que sur l’ignorance & la crédulité des Samothides.

La cruelle nécessité , cette souveraine impérieuse , à laquelle les Dieux mêmes sont forcés de céder, fit enfin souhaiter aux Déesses un accomodement avec leurs ennemis : ce fut pour se le ménager , & l’obtenir plus favorable , qu’elles imaginèrent d’en charger une de leurs prisonnières ; l’aimable fille de Méris , mandée au Conseil suprême , y fut reçue avec les plus grands égards.

Lilia, la fière Lilia, fit elle-même quelques pas au-devant d'elle, lui tendit la main avec bonté, la fit asseoir à sa droite, & lui tint ce discours.

» J'ignore, jeune & belle Gallie, quelle contrée
» vous a vû naître, & par quel destin rigoureux,
» soumise à un homme, il marche votre égal ;
« sans doute que peu instruite de l'excellence & de
» la dignité de votre être, une éducation singulière
» vous a insensiblement portée à vous conduire ainsi
» avec ces mortels, que le Ciel & la nature nous ont
» subordonnés? . . . mais enfin, que veulent de
» nous ces téméraires étrangers? quelles sont leurs
» prétentions? si c'est vous qu'ils réclament, re-
» tournez parmi eux, & qu'ils nous laissent en
» paix jouir de tous nos droits; ou si charmés de
» la beauté de ces contrées, ils veulent s'y fixer &
» les partager avec nous, qu'ils s'expliquent plus
» clairement; qu'ils respectent nos loix & nos
» usages; le trône que j'offre à Pâris n'en sera que
» plus affermi, lorsqu'il sera élevé à l'abri de nos
» autels, & scellé du don de ma main; allez donc
» avec vos Compagnes, lui faire part de mes
» offres.

Par cette adroite proposition, Lilia se flattoit de jetter la division parmi les Chefs du parti opposé, & que les Samothides jaloux de se voir préférer

un étranger, s'armeroient contre lui, & le force-
roient d'abandonner pour jamais ces contrées.

Gallie, rendue à fa liberté, promit d'employer
fes bons offices pour rétablir l'harmonie & la paix :
on eut foin de la faire paſſer avec fes Compagnes,
au milieu d'une longue file de gens armés, pour
qu'elles fuſſent en état d'aſſurer, que la crainte
avoit peu de part aux offres de Lilia.

L'ordre étoit déjà donné du côté des Pariſéens
de conſtruire au plutôt des batteaux ; les côteaux
d'alentour retentiſſoient du bruit des chênes qui
tomboient fous la coignée ; tandis que le reſte de
l'armée élevoit religieuſement à Sarron, un ſuperbe
tombeau au pied du mont conſacré depuis au
Dieu Mars.

Lorſque Gallie parut fur le fleuve avec fes
Compagnes, dans un canot orné de fleurs & tendu
de voiles de pourpre, l'étonnement des Pariſéens
fut extrême : comme on s'attendoit à la plus vigou-
reuſe défenſe, on ne favoit à quoi attribuer cet
événement imprévu ; chacun cependant accourt fur
le rivage ; la joie s'empare du cœur de Pariſis, &
fans chercher à pénétrer d'où lui vient ce bonheur
inattendu, il vole au-devant de l'objet de fes
vœux ; quel moment pour ces tendres époux !
après les premiers tranſports d'une joie d'autant

plus vive qu'elle étoit inefpérée ; Gallie demande
que le Confeil foit affemblé ; elle y fait part des
propofitions des Déeffes, & des conditions qu'elles
mettent à la paix ; tout le peuple y applaudit, &
croyant déjà voir fon Roi dans l'illuftre Chef des
Pariféens, tombe à fes pieds en le fuppliant de
devenir fon pere ; tous jurent de vivre & mourir
fes fujets ; mais Pâris refufe la couronne, s'il faut
l'acheter par fon hymen avec Lilia ; le fouvenir
d'Œnone remplit trop fon cœur, pour qu'il puiffe
fe livrer à un nouvel engagement : il fait part aux
Samothides des liens facrés qui l'attachent à la fille
de Cébren, & prend les Dieux à témoins du ferment qu'il renouvelle, de ne les jamais rompre ;
envain Amafius & Frivolidès lui font envifager
l'incertitude du bonheur, après lequel il court inu-
tilement depuis fi longtems ; rien ne peut ébranler
fa réfolution.

» Si c'eft ici, leur dit-il, que les Dieux nous
» promettent un empire, c'eft à nous de le con-
» querir en vengeant la mort d'un ami ; ces fu-
» perbes Néreïdes, n'ont abufé que trop longtems
» de l'hommage des hommes ; c'eft à Pâris à ren-
» verfer leurs autels ; il n'a que trop encenfé les
» foibleffes de ce fexe enchanteur !

Il prétend feulement, ajoute-t'il, brifer le honteux esclavage où languissoient les Samothides avilis ; que les Déesses vivent désormais avec eux sous les mêmes cabanes ; que plus soumises à leurs époux, elles élèvent avec soin leurs enfans ; que leur empire enfin soit borné à l'intérieur de leurs habitations, & qu'elles mettent toute leur gloire à y donner l'exemple des vertus, que leur sexe eût toujours le droit de rendre aimables.

Ces principaux points arrétés, on dressa les articles, qui devoient servir de bâse à la future société des deux sexes, & il fut unanimement résolu de n'y rien changer.

L'impétueux Parisis, Tolonius, Bocaris & tous les amis de Sarron, brûlans du désir de venger sa mort, abjurèrent non-seulement pour jamais le culte des Déesses, mais exigèrent encore que ces fières beautés, en longs habits de deüil, & les cheveux épars, fissent trois fois le tour du tombeau du malheureux fils de Magus ; qu'elles couvrissent de fleurs ce triste monument ; que Lilia elle-même, la superbe Lilia y fléchît le genou, l'encensoir à la main ; & qu'enfin cette humiliante cérémonie se renouvellât tous les ans à pareil jour, pour consacrer à la postérité la plus reculée, la réparation du plus odieux des forfaits.

Gallie ne pouvant se résoudre à porter des propofitions fi dures, Amafius en fut chargé ; fon caractère fouple & liant, parut plus propre à cette négociation, que la fière vivacité de Bocaris, qui demandoit cette ambaffade.

Cependant les Samothides accoutumés à une obéiffance fervile, fans connoiffances & fans principes, ayant perdu en même-tems & leur Roi & leurs Divinités, fe trouvoient dans le plus grand embarras ; charmés de la fageffe & du courage de Pâris, ils le conjurèrent de fe mettre à leur tête & de diriger leurs démarches. Le fils de Priam qui ne pouvoit les refufer, paffa dès le jour même avec les fiens, dans leurs habitations ; & c'eft de ce jour, que les Samothides ne firent plus qu'un peuple avec les Pariféens, dont ils adoptèrent & le nom & le Chef.

C'eft ainfi que les Deftins conduifoient Pâris à grands pas, à l'Empire qui lui étoit promis dans ces riches contrées. Un heureux calme fuccéda enfin à l'orage ; l'efpérance d'une paix prochaine fe ranima dans tous les cœurs ; les noms de Pâris & de Pariféens, volèrent de bouche en bouche ; l'allégreffe devint générale ; les cabanes furent ornées de feuillages, & les chemins femés de fleurs fur la route du Prince Troyen : Parifis & Gallie le fuivoient ; ces tendres époux, charmés l'un de l'autre, dans l'ivreffe de leur félicité, marchoient fans gardes, au milieu d'un peuple nombreux; leurs bras entrelaffés, leurs regards animés par l'amour, & dans lefquels le bonheur fe peignoit, formoient pour cette nation étonnée, un fpectacle auffi nouveau que charmant.

Parifis faifit cette occafion pour conter aux Samothides, ce qu'il avoit appris de l'origine des Déeffes par Sarron fon ami, qui le tenoit lui-méme de fon pere; à ce récit, le peuple toujours extrême, toujours ami de la nouveauté, entre en fureur, pleure fon aveuglement, & jure de forcer ces fières Divinités, de défcendre de leurs autels pour partager leurs cabanes, & devenir leurs Compagnes.

On attendoit cependant, avec autant d'impatience que d'inquiétude, le retour d'Amafius: il rapporta que l'orgueil des Déeffes, avoit été affez révolté des propofitions, pour les déterminer à rifquer de tout perdre, plutôt que de s'abaiffer à fléchir le genou devant le tombeau de Sarron; que la loi qu'on leur impofoit de vivre en fociété avec les hommes, avoit d'abord excité de longs débats parmi elles; mais qu'enfin, féparées en deux factions, les plus opiniâtres, malgré les efforts de Lilia, avoient préféré le parti d'abandonner le

pays, & d'aller fous les drapeaxx d'Albion, chercher d'autres autels dans quelques terres étrangères; ce qui avoit été exécuté dans l'inftant même;
& qu'Albion, indigné de la foibleffe de la Déeffe
Reine, ainfi que de celles qui fe rangeoient de fon
côté, les avoit laiffées à Lutèce à la merci des
vainqueurs.

Lilia, ébranlée par les promeffes flatteufes de
l'adroit Amafius, n'avoit pas voulu quitter un
empire & des autels, pour aller traîner ailleurs une
vie errante & incertaine à la fuite d'un furieux,
dont elle ne connoiffoit que trop le ftupide aveuglement. Amafius l'avoit même adroitement flattée,
que quelque heureufe révolution pourroit la rétablir un jour dans tous fes droits, & que Pâris lui-
même, féduit par fes charmes, étoit homme à tomber tôt ou tard à fes pieds. Quel point de vue pour
la vanité d'une femme ! quelle reffource pour l'a-
mour-propre humilié !

Le Chef des Pariféens fourit des chimériques projets de Lilia; le fouvenir d'Œnone lui fuffifoit pour
les combattre : il n'apprit pas plutôt qu'il n'avoit
plus d'ennemis dignes de fon courage, que bien fûr
d'obtenir plus du tems que de la force, dont il ceffoit
d'avoir befoin contre un fexe foible & timide, il
fentit s'éteindre en lui toute efpèce de reffentiment.

Du nombre des Samothides qui s'étoient rangés du parti des Pariséens, le jeune Saronidas, parent & ami du feu Roi, étoit un des plus distingués; blessé des premiers traits de l'amour, son cœur incertain, balançoit depuis longtems entre deux jeunes Déesses, également charmantes: impatient de savoir si elles avoient suivi Albion, il obtint de passer à Lutèce, pour y porter de nouveau les conditions de la paix.

Félize & Célizene n'étoient point parties; sécretement rivales, liées en apparence par les nœuds de l'amitié la plus étroite, elles n'en avoient que les dehors; Célizene, plus fière encore que sensible, ne laissoit paroître aucune marque de foiblesse, tandis que l'amour occupoit tout son cœur, tranquile en apparence, elle affectoit une sécurité parfaite. Félize, aussi tendre que sincère, laissoit voir dans ses yeux toute son ame: peu sensible à la fumée de l'encens, dont Célizene s'étoit enivrée, & beaucoup plus humaine, elle eût préféré volontiers la société des hommes, aux chimères d'une prétendue divinité, qui lui paroissoit d'un foible secours, contre les besoins de son cœur.

Triste & pensive, elle erroit seule sur le rivage, lorsque cherchant des yeux l'objet de sa tendresse,

elle crut le voir débarquer dans l'île des Déesses,
& suivre Célizene; trop sûre alors de la préférence
qu'obtenoit sa rivale, elle en frémit en soupirant,
& courut cacher son trouble dans les détours d'un
bosquet solitaire, où elle s'abandonnoit au désespoir, quand Célizene s'offrit tout-à-coup à ses
yeux, poursuivie par Saronidas.

» Que penses-tu, chere Félize, lui dit-elle, de
» la hardiesse de ce jeune audacieux, qui ose venir
» nous proposer d'aller vivre en société avec des
» hommes, aux conditions humiliantes qu'un té-
» méraire étranger ose nous prescrire?

C'étoit assez que Célizene refusât d'y souscrire,
pour que Félize pensât différemment: sur quoi,
prenant à l'instant son parti, & tendant une main
timide à Saronidas qui la pressoit de le suivre, elle
consentit de donner l'exemple de la soumission à
ses Compagnes.

La fière Célizene en rougit de rage, & se
reprochant de n'avoir pas suivi Albion, se laissa
emporter en vains reproches; elle eut même bientôt la douleur de voir Lilia, la superbe Lilia adopter
l'avis de Félize. Amour, c'étoit à toi seul qu'il étoit
réservé d'abâttre tant d'orgueil, & de concilier
tant d'intérêts différens!

Il fut enfin décidé dans l'assemblée générale des

Déeſſes, que l'on conſentiroit à vivre en ſociété avec les hommes ; mais il reſtoit à diſcuter les conditions de cette nouvelle alliance ; les Pariſéens en demandoient l'exécution pleine & entière ; & les Samothides enfin déſabuſés, vouloient rentrer dans tous leurs droits : les Deeſſes de leur côté, ne prétendoient céder que le moins qu'elles pourroient, de ceux qu'elles avoient ſi long-tems uſurpés ; tant leur vanité aimoit à ſe repaître de l'odeur de l'encens, dont leurs autels fumoient encore.

La négociation étoit délicate : Saronidas appellé au Conſeil, y fut introduit par Félize, & placé à côté de Lilia ; diſtinction flatteuſe, qui n'avoit encore été accordée à aucun Samothide ; il en ſentoit tout le prix ; mais il ne pouvoit aller au-delà des propoſitions dont il étoit chargé, ſans ſe mettre dans le cas d'être déſavoué ; il relut donc à haute voix, quoiqu'en tremblant, les conditions propoſées par les hommes : les femmes y mirent leurs apoſtilles, & Saronidas rapporta le tout aux Pariſéens, pour tacher de le leur faire ratifier.

CONDITIONS *proposées par les hommes, pour la réunion des deux Sexes en corps de société, avec les apostilles des femmes de Lutèce.*

ARTICLE PREMIER.

Les femmes n'auront plus d'autels.

(apostille) *Leur toilette leur en tiendra lieu, & s'il n'est plus permis de les adorer en effet, on continuera au moins de le leur dire.*

I I.

Les hommes gouverneront; feront les loix; composeront les Conseils, & formeront feuls le corps de l'État.

(apost.) *Mais les femmes en feront l'ame, & en dirigeront les reſſorts fécrets.*

I I I.

Elles vivront avec les hommes, dans la même habitation.

(apost.) *Mais chacun aura ſon appartement féparé ; le plus décent, le plus vaſte & le plus commode fera pour la femme, & c'est chez elle que l'on foupera.*

I V.

I V.

La femme n'aura qu'un homme, & lui sera fidèle.

(apoſt.) *S'il eſt aimable, & s'il ſe borne à elle seule, on verra.*

V.

L'homme sera chargé du soin des affaires & d'amaſſer des richeſſes.

(apoſt.) *Et la femme d'en diſpoſer à ſon gré.*

V I.

Tous les enfans seront en commun.

(apoſt.) *Tous ceux de la femme seront ceux de l'homme, qui lui sera échu en partage; mais tous ceux de l'homme, ne seront pas ceux de la femme.*

Les femmes prétendirent encore continuer de porter les noms de Déeſſes & de Divinités; elles firent même un article ſécret du traité, auquel l'Ambaſſadeur ajouta, *paſſé ſans tirer à conſéquence, pour n'avoir lieu que dans la langue des amans, & pour ſignifier ce que de raiſon.*

Telles furent les conditions fondamentales de la ſociété projettée entre les deux ſexes, & dont on fit hautement la lecture au peuple aſſemblé.

II. Partie. L

Pàris refufa de ratifier les apoftilles , comme fujettes à mille interprétations défavorables aux hommes , & qui pouvoient devenir pour eux de la plus grande importance : mais Gallie , Méris & Naïs follicitèrent fi vivement en faveur de leur fexe, qu'il fut convenu , que fans rien décider ni pour ni contre , on laifferoit au tems, au hafard & aux circonftances , à arranger toutes chofes , & qu'on ne différeroit pas davantage cette heureufe réunion ; ainfi chacun des deux partis croyant avoir tout obtenu , on ne fongea plus qu'à jouir du préfent.

Le tems n'a que trop fait connoître , que les hommes ont cédé bien du terrein , & que les femmes, qui n'ont jamais perdu de vue leurs apoftilles, font parvenues infenfiblement à leur but.

Cependant Pâris tint ferme au fujet de ce qui avoit été ftipulé à l'égard du tombeau de Sarron ; après bien des débats , Lilia y foufcrivit enfin , pour n'être pas fans doute , jugée coupable de la mort de ce Prince ; elle voulut même y paroître avec tout l'avantage de fes jeunes attraits , embellis par cette douce langueur, cet intérêt vif & touchant, que fembloit lui infpirer le malheur.

Le jour deftiné à cette lugubre cérémonie étant

arrivé, le Ciel y sembla prendre part : le soleil caché dans d'épais nuages, refusa de l'éclairer de ses rayons ; le rivage parut couvert de canots tendus de voiles funèbres, & les Déesses consternées, s'embarquèrent tristement sur le fleuve, au son d'une simphonie discordante, à laquelle de sinistres corbeaux méloient leurs croassemens : accoutumées à voir les hommes empressés de les prévenir, elles faisoient pour la première fois, cet humiliant trajet ; le long habit de deüil dont elles étoient vêtues, relevoit l'éclat de leur tein ; leurs cheveux épars, dans un désordre étudié, & flottant négligemment sur leurs épaules, ne rendoient ces jeunes beautés que plus piquantes.

Parvenues à l'autre rive, Amasius & Frivolidès toujours grands dans les petites choses, & chargés de la cérémonie, leur donnèrent la main pour sortir de leurs canots, d'où elles passerent ensuite, les yeux baissés, au milieu d'une double file d'hommes armés & tremblans; tant les impressions du préjugé sont difficiles à vaincre! Chacun d'eux reconnut la Divinité dont il avoit encensé les appas, & jouit de la douce espérance de se voir bientôt réuni avec elle sous la même cabane.

Le tombeau élevé à Sarron, dans un lieu solitaire qu'ombrageoit un bosquet de cyprès, étoit une efpèce de pyramide à l'Égyptienne, taillée dans la croupe de la montagne ; les Déeffes, après en avoir fait trois fois le tour, en filence, détachèrent triftement les guirlandes qu'elles portoient en écharpes, & les nouant enfemble, les fufpendirent autour de ce lugubre monument : la fuperbe Lilia, affectant une fécurité dont fon cœur étoit loin de jouir, fléchit la première le genoux ; fi fes yeux laifferent échapper quelques larmes arrachées par le défefpoir, le fouffle de l'orgueil ne tarda pas à les fécher.

» C'en eft affez, jeunes Beautés, s'écria Pâris, » en s'empreffant de les rélever : nées pour être » nos compagnes, nos amies, nos époufes, ce « n'eft ni fur nos autels, ni à nos pieds, que nous » voulons vous voir ; la douce égalité formera les » liens qui doivent à jamais nous unir ; que tout » foit maintenant oublié ; retournez à Lutèce ; » demain au lever de l'aurore, ces peuples em-» preffés à vous plaire, iront fe fixer fous vos ca-» banes ; chacune de vous choifira fon vainqueur, » & l'Amour conduit par les Grâces, le couron-» nera de fa main.

Méris, fenfible à la fombre douleur de ces fières Néreïdes, fi peu accoutumées à de femblables démarches, les combla de careffes, & leur parla

avec éloge, du bonheur qu'il y avoit de vivre en société avec les hommes; elles en parurent satisfaites
& retournèrent à Lutèce, non plus en Déesses,
mais sur la foi des promesses de Pâris, comme autant de Reines, qui alloient prendre pour toujours
possession de cette Ville naissante.

Enfin, le jour mémorable arrivé, qui devoit
réunir à jamais les deux sexes, les Néréides dé-
pouillées de leurs longues mantes de deüil, attendirent en habits de fêtes, leurs vainqueurs sur le
rivage de Lutèce.

Lilia, sur qui la nature prodigue s'étoit plû à
répandre ses faveurs, avoit encore ajouté à ses
charmes tout ce que l'art a de plus séduisant : environnée des neuf Vierges qui composoient sa
Cour, & de l'élite de la jeunesse la plus brillante,
tout annonçoit qu'elle étoit la souveraine ; Vénus
suivie des Grâces, ne se présenta pas avec plus de
majesté devant Jupiter, le jour qu'elle fut implorer
les bontés du maître des Dieux en faveur d'Énée.

A peine Lilia pût-elle distinguer sur l'autre rive
les enfans de Priam qui commençoient à s'embarquer, qu'elle se jetta dans une riche gondole couverte d'un berceau de fleurs, où elle étoit négli-
gligemment couchée dans l'habillement le plus
galant ; dangereuse syrène, ce fut ainsi qu'elle

s'offrit aux yeux de Pâris, dans la flatteufe efpérance de foumettre fon cœur.

A cette vue, le Chef des Pariféens frappé d'étonnement, croit voir la mere des Amours fortir pour la première fois du fein des ondes, ou venir encore le prendre pour juge ; il en foupire, en détournant les yeux ; & jamais Hélène, aux plus beaux jours de fon printems, dans la voluptueufe Cour de Ménélas, ne lui avoir paru fi belle

» Sage Minerve! s'écria Pâris, dans la première
» ivreffe de fes fens; toi qui connois ma fenfibilité,
» devois-tu m'expofer à cette épreuve ? Si tu veux
» que je fois maître de mon cœur, diffipe donc le
» charme qui féduit mes yeux; rends moi prompte-
» ment ma chere Œnone, elle feule peut me fauver
» de ce piège enchanteur!

Mais le Prince Troyen combat envain ; il ne peut fe défendre d'entrer dans la gondole de la Reine, qui lui tend une main d'albâtre ; & fans le fouvenir de la mort de Sarron, qu'il fçait être l'ouvrage de cette furie, peut-être alloit-il à fon tour, devenir & fon efclave & fa victime.

En un moment le fleuve parut couvert de mille barques légères tendues de voiles d'azur, pavoifées de différentes couleurs, & ornées de guirlandes. C'eft fur cette flotte galante, équipée par les

Déesses, & envoyées de leur part aux Samothides, que ceux-ci passerent à Lutèce, à la suite de leur nouveau Roi. C'est-là, que pour la première fois, ces orgueilleuses beautés rangées sur le rivage, daignèrent recevoir les hommes avec une sorte d'égalité. Les autels transformés en lits de gasons, devinrent tous de riants berceaux, autant de trônes consacrés à l'Amour ; c'étoit sous les loix de ce Dieu, qu'elles avoient compté se ranger, sûres qu'il les aideroit bientôt à relever leur empire ; mais Pâris n'eut pas plutôt déclaré que c'étoit à l'hymen qu'il prétendoit les soumettre, que le serment d'une fidélité constante effraya tous les cœurs, & que les hommes mêmes en parurent peu flattés.

Frivolidés, fait pour ces sortes de négociations, fut chargé de concilier de si grands intérêts ; aussi insinuant & aussi léger qu'étourdi, il se répandit dans les sociétés ; devenu le héros de vingt différens cercles, il y disserta, déraisonna, plaisanta, ne prouva rien ; mais avec ces rares talens, pouvoit-il ne pas réussir ? il donna pour exemple les mariages de l'Asie, & passant ses pouvoirs, il fit voir avec tant d'art, que ces sermens que l'on redoutoit si fort, ne seroient bientôt qu'une formalité, à laquelle on pourroit aisément se souftraire, à l'ombre d'un peu de myftère ; qu'un grand nombre

des Deéffes confentit à les prononcer avec autant de
légèreté, qu'on en mit depuis à les tenir. Le fils de
Cypris, raffuré lui-même par l'inconftance naturelle du climat, en fourit fous fon bandeau : mille
autels fumèrent alors à Lutèce, de l'encens offert
au Dieu des époux, & autant de couples affortis
par le hafard, fe jurèrent, fans tirer à conféquence,
de s'aimer toujours, & de ne jamais former d'autres chaînes.

Malgré toutes les reffources de l'art le plus
étudié, Lilia n'avoit pû parvenir à fubjuguer le
nouveau Monarque : au milieu de tous ces affauts,
il étoit refté libre ; indignée de tant de réfiftance,
elle fçût enfin commander à fon cœur, diffimuler
fon dépit, & dédaignant les pourfuites de Frivolidès, qui avoit ofé lui adreffer fes vœux, elle demanda, & obtint, qu'après avoir perdu le feul
mortel digne de fa tendreffe, il lui fût permis de
paffer fes jours dans la folitude, fans être forcée de
prendre de nouvel engagement.

Ainfi le veuvage commneça dès-lors à être regardé comme un état particulier, en faveur duquel
Lilia obtint les plus beaux privilèges ; une jeune
veuve, maîtreffe de fes volontés, devint une per-
fonne facrée, affranchie de toute efpèce de contrainte, & joignit encore aux agrémens attachés

à fon fexe, cette ineftimable liberté que les hommes venoient de s'arroger.

Pendant plufieurs jours, ce ne furent que fêtes, que jeux, que parties de chaffe ; les forêts d'alentour retentirent pour la première fois, des concerts formés des voix des hommes & des femmes répandus dans les campagnes : couchés négligemment fous le même berceau, ou fur les rives de la Seine, ils commençoient à goûter les véritables plaifirs de la fociété ; le jour paroiffoit plus pur, le Ciel plus ferein, la verdure plus fraîche, les fleurs plus vermeilles ; toute la nature enfin, fembloit prendre part à cette réunion.

Pâris, flatté de ces heureux commencemens, s'applaudiffoit de fon ouvrage ; affis à l'ombre d'un chêne, environné de fes enfans, de fes amis, il rendoit lui-même la juftice à fes nouveaux fujets ; la feule Œnone manquoit à fa félicité.

La paix règnoit enfin dans tous les cœurs ; à l'exemple des Pariféennes les Déeffes n'étoient plus que de tendres amies, des compagnes aimables, & fembloient même avoir oublié leurs anciennes prétentions. Comme la fête des modes approchoit, elles demandèrent la permiffion de la célébrer, felon l'ufage ordinaire, ce qui leur fut accordé.

Cette fête avoit été inftituée vers le milieu du

règne de Magus. Les Déesses surannées, perdant trop à être vues sans voiles, à côté des jeunes Divinités qui commençoient à se produire, avoient imaginé pour la première fois, les habillemens, au grand chagrin de ces dernières, qui virent à regret, emprisonner leurs graces sous de longues robes de lin : tout ce qu'on leur permit par forme de dédommagement, fut la liberté d'imaginer chaque année pour cette même fête, quelque façon nouvelle de se vêtir ; celle qui avoit le mieux réussi, au jugement de ses Compagnes, recevoit une couronne, & pour rendre hommage à la supériorité de son goût, les Déesses étoient obligées de porter toute l'année le même vêtement, qu'on appelloit l'habillement *à la mode*, la coëffure *par excellence*, le bonnet *du jour* ; mais son règne inconstant, ne duroit que jusqu'à la fête prochaine ; les jeunes Déesses, sans cesse occupées de ces sublimes recherches, n'oublioient rien pour regagner du côté de la parure, une partie des avantages qu'elles avoient perdus, en se couvrant trop scrupuleusement,

L'art des habits, des pompons, & des colifichets de toute espèce, fut dès-lors poussé très-loin ; quelques femmes même y gagnèrent, en feignant de voiler par décence, ce qu'elles avoient intérêt de cacher, & la modeſte pudeur qui prit alors naiſſance, leur donna de nouvelles grⱥces ; les vieilles Déeſſes même, ſuivirent les modes, & n'en parurent que plus ridicules.

Pâris, qui ſe fit raconter l'origine de cette fête ſingulière, aprit avec étonnement, que la pudeur inconnue chez ces peuples juſqu'à cette époque, n'avoit eû aucune part chez eux à l'uſage des habits, & que les vêtemens devoient au contraire leur origine à la coquetterie la plus rafinée ; il admira la fécondité du génie du beau ſexe de ces climats, qui avoit ſçû transformer en vertu, juſqu'aux effets mêmes de ſa vanité.

Dans l'attente de quelques modes nouvelles, les Pariſéennes virent arriver cette fête avec le plus grand plaiſir ; mais un événement auſſi ſingulier qu'imprévu, penſa la faire ſupprimer.

Lilia perſuadée, ou feignant de l'être, que les Déeſſes n'auroient point perdu leurs autels, ſi elles eûſſent continué de paroître aux yeux des hommes, avec tous les agrémens dont la nature les avoit embellies, réſolut à la fête nouvelle, de ſupprimer toute eſpèce de vêtemens ; adroite politique, elle s'étoit déjà aſſurée d'un parti aſſez conſidérable, pour ſe faire adjuger la couronne que l'on donnoit pour prix, & ſe flattoit que cette mode ſuivie pendant l'année, selon l'usage, entraîneroit les plus grands désordres, & peut-être rejetteroit ce peuple dans son premier état.

Frivolidès, toujours le protecteur ou le protégé des Dames, admis dans leur assemblée sous la foi du sécret, avoit applaudi à ce projet qu'il trouvoit divin : curieux d'en voir la réussite, à cause de l'excellence des tableaux que ce spectacle offriroit aux yeux, il les enhardit à l'exécuter ; mais n'ayant pû s'empêcher d'en plaisanter dans quelques cercles particuliers, Pâris en fut informé assez à tems, pour empêcher Lilia de paroître à la fête ; & cette indomptable Néréïde, fut si fort affectée de la défense qui lui étoit faite, que déjà très-piquée d'avoir manqué le cœur du Chef des Pariséens, elle s'échappa avec quelques amies, & disparut de Lutèce à la faveur de la nuit.

La fête, quoique plus décente, n'en fut pas moins extraordinaire : elle offrit cette année, le spectacle le plus varié & le plus amusant ; jamais l'imagination du beau sexe n'avoit été si loin ; le seul article de la coëffure, avoit épuisé toutes les ressources de l'art le plus réfléchi ; on en comptoit de plus de cent espèces différentes ; les unes laissoient flotter sur leurs épaules leurs longs cheveux tressés ; d'autres les relevant avec grace, en formoient une couronne qui ceignoit majeftueufement leur front; on en voyoit d'échaffaudées avec des peignes, des nœuds ou des toques, qui s'élevoient à une hauteur extraordinaire, à l'aide de gazes, de fleurs, de rubans, & de pompons de toutes les couleurs; on y voyoit auffi des chignons retapés, liffés, rélevés, nattés, parquetés en vergettes, en coquilles, en guirlandes, en rofettes, ou fimplement retenus par une barrière de ruban; on en remarqua même d'empruntés, à boucles brifées, biaifées, droites ou tombantes; d'autres, qui comme détachées d'une forêt artificielle, defcendoient fur l'oreille en ondes flottantes.

Chiffonne, Bagatelle & Pomponette, Déeffes du fecond ordre, jouèrent à cette fête les plus grands rôles; quelques autres trouvant affez plaifant d'être plus larges que hautes, préfentèrent aux yeux, de gentilles mignatures, renfermées parle bas dans plufieurs cercles paralèlles, de différentes grandeurs, & d'énormes bâfes fur de petits pieds délicats, fans aucune efpèce de proportion.

Les unes montroient avec affectation, ce que les autres cachoient avec foin; jufques-là les mains, aux ordres de la volonté, toujours prêtes à fervir, étoient reftées nues, & la gorge foigneufement voilée ; ce fut à cette fète , que Galantis imagina de cacher adroitement dans des peaux, fes mains qu'elle avoit affez laides, & de découvrir jufqu'à l'indécence, fa poitrine qu'elle croyoit mieux formée : le prix de cette année, fut adjugé à Galantis , & cette mode applaudie de tout le monde , devint la mode du jour ; elle prit même avec tant de fureur , que les plus jolies mains du monde, n'osèrent plus paroître ; tandis que les plus vilaines gorges, pour fatisfaire à l'empire de la mode , ofoient affronter & bleffer tous les yeux.

Lilia eut la fécrette fatisfaction d'apprendre dans fa retraite , que fon projet avoit au moins réuffi en partie ; elle efpéra même qu'avec le tems , à force de changement & d'indécences en indécences , on en viendroit à fa première idée.

Les Bardes, felon l'ancien ufage, chantèrent la mode nouvelle , & le triomphe de Galantis : chaque année on recueilloit les vers faits à ce fujet , ce qui fit bientôt des volumes immenfes, où l'on recouroit au befoin ; mais par la fuite des tems, l'hiftoire de ces colifichets fe conferva fi exacte-ment dans la mémoire des femmes, que leurs têtes étant devenues autant de bibliothèques vivantes , on n'eut plus befoin d'écrire ; avec d'autant plus de raifon , qu'obligées de revenir fouvent par inconftance, par caprice, ou par épuifement aux anciennes modes, elles n'étoient pasfâchées de fe ménager le plaifir de les redonner pour nouvelles.

Ce fut à peu près dans ce tems-là, qu'un peintre Égyptien, ayant pénétré jufqu'à Lutèce, à la faveur de quelques caravannes, voulant remporter en fon pays *le coſtume* de ce peuple inconftant, & ne pouvant fixer fon habillement, peignit une Pariféene nue, tenant une pièce d'étoffe fous fon bras, & des cifeaux à la main, avec cette infcription, *comme elle voudra.*

Cependant Pâris n'étoit pas fans inquiétude depuis le départ précipité d'Albion; il connoiffoit ce fanatique Samothide, pour étre capable des plus grands excès, & ne doutoit pas que Lilia, qui venoit de difparoître, ne fût encore allée le rejoindre: il mit à leur fuite de fidèles émiffaires, pour l'inftruire de toutes leurs démarches, & fe prépara de fon côté à les bien recevoir; mais jugeant par les menaces terribles de fes ennemis, que le défefpoir pourroit bien les porter jufqu'à aller fe joindre aux Celtes, pour revenir enfuite fondre fur lui, il envoya en toute diligence demander des fecours à Francus & à Longho.

Tolonius & Bocaris, prévoyant de leur côté

la pofition critique où leurs amis pouvoient bientôt
fe trouver, étoient déjà partis pour leur amener
l'élite des Marfiiliens & des Arélates ; ils avoient
même promis d'engager les Éduens, les Lyon-
tins, les braves Tectofages, & jufqu'aux Burdigaliens, de fe joindre à eux.

Cependant la renommée, aux aîles rapides, fe
plaifoit à publier dans les contrées voifines, la révolution arrivée à Lutèce. Francus & Longho n'en
furent pas plutôt inftruits de la part de Pâris, qu'ils
envoyerent le féliciter fur cet heureux événement,
& lui promettre qu'ils viendroient bientôt eux-
mèmes lui amener des forces fuffifantes.

Mais au milieu des profpérités qui couronnoient
ces heureux commencemens, une fécrette mélancolie perçoit fur le vifage des Pariféens, à travers
la joie qu'ils affectoient de montrer.

Les mécontentes qui avoient fuivi Albion, &
celles qui venoient encore de s'échapper avec Lilia,
dans l'efpérance de jouir ailleurs d'un meilleur fort,
avoient fi fort diminué le nombre des femmes à
Lutèce, qu'il parut néceffaire d'y en attirer de
nouvelles.

On n'avoit point encore découvert la retraite
facrée, où les Déeffes élevoient leurs jeunes Néreïdes ; aucune de celles qui reftoient à Lutèce,
n'avoit

n'avoit voulu révéler ce fécret, foit qu'elles l'igno-
raffent en effet, ou qu'elles fe fiffent un point de
religion de le garder; il fe pouvoit même qu'Albion fe fût emparé de ce vrai tréfor de l'État.

Pâris attentif à tout, n'avoit point perdu de vue
cet objet intéreffant; fous l'apparence d'un goût
extraordinaire pour la chaffe, il parcouroit fans
ceffe les lieux les plus fauvages de ces contrées,
dans l'efpérance de découvrir cette précieufe
reffource de fon nouvel empire: un jour enfin,
fuivant feul un fentier étroit au mont de Gaures,
vers les côteaux enchantés d'Ivris, il fe perdit
dans un labyrinthe, qui lui parut pratiqué avec
trop d'art, pour être l'effet du hafard.

Curieux d'approfondir ce myftère apparent, il
perce avec peine un bois épais femé d'épires, &
guidé par quelques traces légères, il rencontre un
fouterrain, à l'entrée duquel il remarque fur le
fable les pas d'une femme; il détourne une pierre
pour y entrer en fe baiffant, & après avoir fait
trente pas dans l'obfcurité, il voit autour d'une petite
plaine émaillée de mille fleurs & agréablement plan-
tée, une longue file de mannes d'ofier rangées par
ordre, formant autant de berceaux fufpendus aux
arbres par de fortes treffes de lin, & couverts de
pavillons de nattes très-fines; au milieu de cet

efpace tapiffé de verdure, une troupe de jeunes Néreïdes de tout âge, & fous les yeux de quelques vieilles furveillantes, élevoient un efpèce de bucher.

Pâris qui s'arréte à l'abri d'un feuillage épais, pour examiner ce fpectacle étrange, croit que c'eft l'appareil de quelque facrifice myftérieux, & craint que fa préfence ne le trouble; fatisfait de fa découverte, & réfolu de la mettre à profit, il veut fe retirer; mais à peine a-t'il fait quelques pas, qu'il entend des gémiffemens qui fortent d'un enfoncement formé par les cavités du rocher; il s'approche, & voit une femme livrée au défefpoir, étendue fur une natte, qui noyée dans fes pleurs, s'arrachoit les cheveux; effrayée à la vue d'un homme, elle veut fuir; mais reconnoiffant Pâris pour un de ces étrangers devenus les auteurs de leur défaftre, elle reprend fes forces, & lui parle en ces termes.

» Barbare, lui dit Métis, c'étoit le nom de cette
» Néreïde, que viens-tu chercher en ces lieux?
» viens-tu jouir du triomphe des tiens, & des
» larmes que vous faites répandre? prêtes à perdre
» une vie languiffante, épuifées de foibleffe, &
» manquant de tout efpèce de fecours, il ne nous
» refte que le choix d'une mort prochaine, & tes
» yeux en vont être les témoins.

La Chef des Pariséens essaya de rassurer cette infortunée, par les marques du respect le plus profond, & lui jura qu'il ne tenoit qu'à elle, de jouir à Lutèce du destin le plus doux, en se conformant à l'exemple de ses Compagnes.

L'avis de la sensible Métis, dans le Conseil des Déesses, avoit été de céder aux circonstances ; mais entraînée par le torrent ; elle avoit enfin suivi les révoltées ; à la voix consolante de Pâris, sa colère se calma insensiblement, ses plaintes devinrent moins vives ; elle entra même en quelques explications. Pâris apprit de cette belle affligée, sans en être connu, que la furieuse Lilia, résolue d'abandonner cette retraite, achevoit d'y jetter le plus grand effroi, en publiant que les Pariséens, espèce d'hommes cruels & sansrespect pour un sexe adorable, faisoient des femmes, de viles esclaves destinées à leurs plaisirs ; que ces infortunées, sur cet infidèle rapport, réduites au plus grand désespoir, avoient résolu de se livrer aux flâmes avec cette brillante jeunesse, autrefois leur plus douce espérance ; & que ces innocentes victimes dressoient alors elles-mêmes le bucher qui devoit les consumer.

Une des plus aimables Néréides qui survint, se jouant avec des guirlandes, & qui sauta au col de

Métis , acheva de percer le cœur du fils de Priam ; c'étoit la fille de cette mere inconfolable , cette jeune beauté venoit de parer l'autel où elle devoit fubir le fort le plus affreux. Pâris, après l'avo'r contemplée un moment en filence , attendri fur le deftin de cet enfant , fort précipitamment , dans le deffein de prévenir cet abominable facrifice.

Il n'a pas plutôt rejoint les fiens, que les raffem-blant à la hâte, il leur ordonne de le fuivre en toute diligence , d'environner le mont de Gaures pendant la nuit qui approchoit , pour y pénétrer fans défordre & fans confufion au lever de l'aurore ; ces ordres font bientôt exécutés. Mais des feux que l'on apperçoit , & des cris lamentables qui commencent à s'élever, font craindre à Pâris d'arriver trop tard : il marche alors fuivi de fes Pariféens, perce ce labyrinthe à la lueur d'un flambeau que fecouoit une de ces furies , & reconnoît la fuperbe Lilia , qui l'œil en feu & d'une voix terrible, ordonnoit d'embrâfer le bucher , d'autres femmes également furieufes , la fuivoient des torches à la main.

Cent jeunes victimes rangées fous cet horrible autel , & enveloppées dans de longs voiles , attendoient l'iffue de cette pompe funèbre, dont elles ignoroient le véritable objet. On leur avoit dit que c'étoit pour se rendre le soleil propice, qu'elles devoient, ainsi parées, attendre son retour sur l'horison ; toutes avoient ordre de ne lever leurs voiles, que lorsque ses premiers rayons les auroient frappées : alors, leur avoit-on dit, devoit commencer le grand sacrifice par l'effusion du sang de la jeune biche, qui étoit attachée au faîte du bucher.

La cruelle Lilia n'apperçoit pas plutôt Pâris, que transportée de rage & pénétrant son dessein, elle met elle-même le feu au bucher, & s'échappe à travers la forêt : la flâme brille, se communique, & l'on découvre à sa pâle lueur, les jeunes Néréides effrayées sortir avec effort, déchirer leurs voiles & pousser de lamentables cris.

Aussitôt les Pariséens saisis d'horreur, s'élancent dans les flâmes, en arrachent ces innocentes victimes, en écartent les meres, & chacun d'eux emporte dans ses bras une épouse tremblante.

Dix vieilles furies, qui voyent en frémissant avorter leur abominable projet, se précipitent elles-mêmes dans l'endroit du bucher où le feu est le plus ardent, & sont à l'instant consumées.

Les Néréides arrachées aux flâmes, sensibles à ce procédé plein d'humanité, cessent de regarder les étrangers comme des monſtres , conſentent de les ſuivre , & l'aurore vit rentrer à Lutèce les Pariſéens avec de jeunes Compagnes , à qui l'hymen ne tarda pas de les unir : bientôt livrées à des feux plus doux , les flambeaux de l'amour éclairèrent des nuits plus heureuſes.

Il ſe trouva cependant quelques Néréïdes aſſez ennemies d'elle-mêmes , pour refuſer conſtamment de jouir avec les hommes des douceurs de la ſociété ; victimes de leurs préjugés , elles osèrent leur propoſer de les enterrer vivantes dans quelque coin écarté de Lutèce : mais Pâris qui craignoit que ces furies ne communiquâſſent leurs noires idées aux jeunes Pariſéennes , ordonna auſſitôt que de hautes murailles fuſſent élevées autour de l'enceinte qu'il leur traça lui-même , & cet ordre fut ſi promptement exécuté , que peu de jours après ces dédaigneuſes mortelles, couvertes de longs voiles qui cachoient leur ſécret dépit , ainſi que leur orgueil , entrèrent d'un œil ſerein , dans ce vaſte tombeau de l'humanité , en jurant au grand Teutates , que cet aſile tout borné qu'il étoit , feroit déſormais leur univers. Peu dignes du bonheur d'être meres , elles ne s'arrogèrent pas moins un nom ſi doux ; leur vanité leur fit même conſerver le vain & faſtueux titre d'épouſes des Dieux , qu'elles

préféroient à celui de compagnes des hommes. Ce
fut dans ces triftes retraites, qu’inutile poids de la
terre qui daignoit les nourrir, & dévorant la flâme
qui confumoit leurs cœurs, elles fe chargèrent du
foin d’entretenir le feu facré.

Celles qui plus humaines s’étoient rendues aux
vœux empreffés des Pariféens, jouirent à Lutèce
du fort le plus heureux : bientôt les charmes de
l’égalité effacèrent de leur efprit & de leur cœur,
fait pour aimer, ce vain phantôme de prééminence, qui fondé fur l’orgueil, n’étoit fait que pour
détruire leur bonheur. L’aimable Gallie, Méris &
Naïs, les reçurent avec bonté, les comblèrent de
careffes ; le tendre amour effuya leurs larmes, &
les dédommagea de la perte de leurs autels.

LIVRE ONZIÉME.

LE printems venoit de s'envoler fur l'aîle légère du zéphir, & l'été en defféchant les fleurs, avoit déjà jauni les épis ; lorfque Pâris, par un facrifice folemnel, avertit le laborieux Cultivateur, qu'il étoit tems de recueillir le fruit de fes travaux. Tous les Samothides, felon l'antique ufage de ces tems reculés, devinrent autant de moiffonneurs ; cette noble occupation, abandonnée depuis aux mains les plus viles, n'étoit point encore en ces climats un objet de mépris ; on l'honoroit à raifon de fon utilité.

Les Néreïdes les plus belles, à l'exemple de Gallie, de Naïs, & de leur aimable mere, ne rougirent point d'aider à lier & à entafferles gerbes qui devoient les nourir ; répandues dans les campagnes, elles encourageoient leurs maris, en fe faifant comme eux un amufement d'enlever à la terre fa parure & fes tréfors ; on en vint même jufqu'à méprifer celles, qui encore Déeffes dans l'ame, & craignant de compromettre leur dignité, refusèrent d'imiter leurs Compagnes.

Le Pariféens en trop petit nombre, n'ofoient propofer aux Samothides, leurs concitoyens, de fe charger des travaux les plus pénibles, & le raisonnement ne leur étoit d'aucun secours pour établir une injuste inégalité ; en effet, comment faire comprendre à des hommes nés tous égaux, les prérogatives d'une naissance illustre ? comment leur prouver la nécessité de faire de leurs freres leurs esclaves ?

En vain les Frivolidès & les Amasius eussent - ils vantés les hauts faits de leurs ayeux ; on leur eût répondu, que leurs ayeux n'étoient pas eux ; que si leurs peres avoient fait assez de bien aux hommes pour mériter leurs hommages, leurs enfans devoient commencer par les imiter, avant d'exiger de pareils égards : il fallut donc se résoudre à regarder comme ses égaux, de simples Sauvages, qui ne faisoient que de sortir de leurs forêts.

Ce fut l'esprit vain & altier de quelques Néréides, qui commença à renverser l'ordre naturel, & à introduire l'inégalité des conditions : celles qui s'unirent aux Pariséens, n'apprirent pas plutôt de leurs époux, les prérogatives dont les femmes de leur rang jouissoient en Asie, qu'elles s'imaginèrent qu'on devoit aussi les distinguer à Lutèce, de la foule de leurs Compagnes ; elles prétendirent même bientôt, qu'elles devoient avoir des femmes pour les servir, & il s'en trouva d'assez foibles pour s'y soumettre ; instruites que les Dames Troyennes changeoient tous les jours de robes ; qu'elles en avoient de toutes les couleurs , & de toutes les faiſons; qu'elles chargeoient leurs têtes de pierreries auſſi éclatantes que le ſoleil ; qu'elles s'en faiſoient des colliers & des braſſelets; qu'elles paſſoient les matinées à leur toilette , occupées à peindre leurs viſages , & qu'elles ſortoient ſur le déclin du jour , dans des chars dorés tirés par de ſuperbes chevaux, quelquefois même portées par des hommes , elles ſe crurent en droit de marcher ſur leurs traces , & prétendirent aux mêmes prérogatives.

A ces récits ſéduiſans, dont Amaſius & Frivolidès amuſoient leur orgueil, il n'y eût bientôt pas une de nos Déeſſes, qui n'eût préféré le rang de ſimple mortelle en Aſie , à celui de Divinité à Lutèce. Bientôt enfin Pàris perſécuté par les ſiens, crût ne pouvoir refuſer à ſes Compatriotes , à ſes anciens amis , qu'à compter de ce moment , tous les Samothides des environs qui viendroient groſſir cette Colonie , & dont le nombre étoit conſidérable , pour être venus plus tard que les autres , formeroient une ſeconde claſſe de Citoyens ; ces infortunés prirent depuis le nom de Rotüriers , de Rothur , le premier d'entr'eux qui ſubit cette ſévère loi; chargés du ſoin de cultiver les terres , on ne leur laiſſa bientôt qu'une très-médiocre partie

de la récolte ; dignes d'un meilleur fort , ils furent
même par la fuite privés du néceffaire , & abandonnés au mépris fous de miférables cabanes dans
les folitudes voifines ; tandis que les oififs habitans
de Lutèce , jouiffoient au fein de la moleffe & de
l'abondance , fous de riches lambris , du fruit des
travaux de ces bonnes gens.

Quant aux Néreïdes qui vinrent à Lutèce après
cette révolution , plufieurs furent forcées de s'allier
à ces nouveaux arrivés ; mais celles qui étoient
aimables , perdirent peu de leurs privilèges ; tel
commandoit à leurs maris, qui fléchiffoit le genou
devant elles : d'autres plus fières , jaloufes de leur
liberté , ne voulurent prendre aucune forte d'engagement ; retirées dans de petits temples par i-
culiers , fous la fauve-garde de l'Amour , elles fon-
dèrent de nouvelles prétentions fur l'inconftance
des hommes déjà pourvus , & dont elles reçurent
d'abord les hommages fécrets.

Ces nouvelles Divinités ne tardèrent pas à devenir fort à la mode ; le culte qu'on leur rendoit
étoit libre , on ne s'engageoit par aucun ferment à
les adorer toujours ; comme l'efpèce d'alliance que
l'on formoit avec elles commençoit fans éclat , elle
finiffoit de même. Amafius & Frivolidès devinrent
bientôt les plus zélés partifans de cette nouvelle

fecte , & leur exemple ne fut que trop bien imité par une troupe de jeunes étourdis de leur efpèce.

Quelque Parifćen trouvoit - il à fon gré une de ces Déités du jour , il lui préparoit aux environs de Lutèce , un de ces petits temples de relais, bâtis fur les rivages de la Seine , & dès le jour même , elle s'y voyoit adorée.

Le fort de ces Déeffes ambulantes , quelque brillant qu'il fût en apparence, n'étoit pourtant pas toujours des plus heureux : fi du fein de l'abondance elles voyoient fouvent à leurs pieds une multitude d'adorateurs, elles étoient auffi expofées à en manquer fouvent , & à paffer d'un temple magnifique fous une trifte chaumière ; leur culte , ainfi que leurs faveurs, devenus des effets de commerce, en fuivoient les viciffitudes ; le déclin de leur âge & de leurs graces , étoit le thermomètre sûr de leur bonheur , lorfque peu prévoyantes , elles avoient négligé d'amaffer dans leur printems, de quoi fubfifter dans l'hiver de leurs années.

Lutèce cependant s'augmentoit chaque jour par le concours des Sauvages voifins, qui charmés du bonheur des habitans de cette peuplade , venoient y fixer leurs demeures avec des Néréides qu'ils alloient chercher dans les forêts : ce fut alors qu'on vit bâtir une multitude de cabanes fur la rive

gauche du fleuve, qui fut la première habitée, &
que les batteaux ne fuffifant plus pour la libre
communication, on effaya d'y paffer fur un pont
flottant à la pointe d'une des îles.

Pâris qui avoit vû les Cours de la Grèce & de
l'Égypte dans toute leur gloire, plus inftruit que
le commun des Pariféens, entreprit de civilifer ces
Barbares, devenus librement leurs concitoyens,
leurs freres, leurs amis & leurs gendrès.

Romanès très-perfuadé que l'hiftoire, pleine de
traits de grandeur d'ame & de générofité, feroit
d'un grand fecours pour adoucir les mœurs de ces
peuples nouveaux, & les conduire par les exemples
aux vertus fociales, écrivit la vie de quelques
grands hommes de fon tems ; il méloit fi adroitement la morale aux faits les plus intéreffans, qu'ils
s'imprimoient fans peine dans la mémoire , & que
les meres fe faifoient un plaifir de les conter à leurs
enfans

Mais attendu que les hiftoires ne fourniffoient
pas toujours des traits propres au moment ,
Romanès créa des héros & des héroïnes de pure
invention ; convaincu qu'il retireroit encore plus
d'avantage de ces enfans de fon imagination , en
ce qu'il pourroit compofer des fables plus ana-
logues aux befoins préfens de ces peuples.

Le fils de Priam, qui fentoit tout le prix & le mérite de ces ouvrages ingénieux, donna à Romanès les éloges que méritoit fon fertile génie, & l'encouragea à continuer; ces fortes d'écrits furent depuis appellés Romans, du nom de leur auteur.

Un Phocéen, nommé Drama, fe perfuadant que les ouvrages de Romanès mis en action, c'eft-à-dire, dialogués & repréfentés par des acteurs, rendroient ces événemens imaginaires encore plus touchans, en compofa des pièces appellées Drames, que Pâris fit exécuter pour la première fois, aux fêtes qu'il donna au fujet de l'arrivée de Francus, de Plancée & de Longho, qui vinrent prendre part au bonheur de leurs amis.

Ce fut alors que Lutèce parut dans tout fon éclat, & que Pâris s'empreffa de rendre à fes nouveaux hôtes, tous les témoignages d'amitié que lui & fon fils avoient reçus d'eux, dans le cours de leurs voyages.

Le premier effai de Drama, fut l'Age d'Or, ou Saturne chaffé du Ciel, & raffemblant les hommes pour les réunir en fociété. Les Pariféens les plus confidérables, & les Dames à talens de la Cour, s'emprefferent de prendre des rôles dans la pièce nouvelle. Francus, Plancée, Parifis, Gallie, Naïs, Amafius & Frivolidès, s'y diftinguèrent à l'envi,

& cette nouvelle imagination, fut la source de mille fêtes aussi agréables qu'intéressantes.

Les Pariséens, enchantés de ces spectacles, avoient élevé, sous les ordres de Drama, un vaste bâtiment, appellé Theakai, qui, en langue Samothide, signifioit École des Mœurs : cet édifice, de forme ovale, étoit construit de façon, que les acteurs plus élevés que le peuple, pouvoient être vus & entendus de fort loin.

Au-dessus du peuple, on avoit construit circulairement des loges pour les Néréïdes; flattées de cette distinction, qui leur rappelloit leur premier état, elles s'y montroient comme des Divinités, & je ne sçais quel respect retenoit derrière elles les hommes, qui n'osoient encore paroître au premier rang & sur la même ligne.

Tout le peuple assista à ces spectacles, & en fut si satisfait, que Drama composa depuis plusieurs autres pièces; Pâris lui donna pour sujet, la Défaite des Oréens par les Tectosages; les suites funestes des richesses & du luxe y parurent dans le plus grand jour. Bientôt, à l'exemple des grands, tout ce qu'il y avoit de gens de mérite à la Cour, se fit une étude sérieuse d'instruire ainsi le peuple en l'amusant; la vertu récompensée, le portoit à devenir vertueux, & le crime puni, lui inspiroit l'horreur du crime : les Déesses elles-mêmes, ramenées à des sentimens plus doux, commençoient à convenir que la société bien ménagée, pouvoit avoir des douceurs, & tourner réellement au bonheur de l'humanité.

Le peuple, toujours avide de spectacles, fut si charmé de ce nouveau genre d'amusement, & si convaincu de son utilité, que pour en jouir plus souvent, il souhaita que ceux qui avoient bien voulu composer ces pièces ou les représenter, ne fussent occupés que de ce seul objet, & qu'on y attachât une considération proportionnée à l'avantage réel que le public en retiroit.

Les Courtisans qui excelloient dans les arts agréables, se firent un plaisir de se dévouer à ce genre d'exercice ; leurs épouses, leurs filles, se disputoient l'honneur d'y faire briller leurs talens, & ne trouvoient pas indigne d'elles de servir de modèles aux Néréides nouvellement arrivées, qu'on vouloit former à l'humanité & à la vertu, en jouant devant elles des rôles capables d'adoucir les mœurs, de toucher leurs cœurs, & d'attirer leur admiration.

Parmi ceux qui se distinguèrent dans ce genre d'écrire, on comptoit les Leneilroc, les Nacire, les Tolvaire. Combien de fois, par la douce harmonie de leurs vers, ne charmèrent-ils pas les

cœurs

cœurs les plus fauvages ! Que de fières Néreïdes ,
dont les yeux ne s'étoient jamais mouillés de larmes , en répandirent aux malheurs imaginaires
qu'ils retraçoient fur la fcène , pour les rendre fen-
fibles à la gloire , à l'honneur , à l'amour ! Ils les
firent plus d'une fois frémir , en les intéreffant par
des fables , elles que des malheurs réels n'avoient
peut-être jamais touchées.

Si Lutèce fe trouva dès-lors pourvue d'auteurs
du premier ordre ; ceux qui voulurent bien fe
confacrer au foin de rendre les chefs-d'œuvres de
ces maîtres de l'art , ne s'acquirent pas moins de
gloire

Du nombre de celles qui méritèrent par leurs
talens une place dans cette fociété choifie , fut
l'aimable Vafing ; cette jeune Pariféenne joignoit
au regard le plus tendre , cette douceur enchan-
tereffe , ces graces féduifantes , qui avoient fi longtems fait croire aux Samothides que les femmes
étoient des Divinités ; le fon de fa voix étoit fi
touchant , qu'il fuffifoit de l'entendre , pour fe
fentir pénétré du plus vif intérèt.

On admiroit fur-tout l'inimitable Claonir; cette
fière Néreïde , après avoir eû fon autel à Lutèce ,
confervoit encore tout l'orgueil de fon premier état ;
elle ne paroiffoit fur la fcène qu'avec ce regard im-

II. Partie.   N

poſant, cette noble fierté, ce je ne ſais quoi de grand qui caractériſe les Déeſſes.

Si l'art s'épuiſa pour Claonir, la nature créa Munelſid, lui prêta ſes expreſſions les plus touchantes ; mere affligée, ſon ame toute entière paſſoit dans celles des Pariſéens ; ſa voix briſoit les cœurs ; c'étoit ſur les nuages de ſon front que ſe formoit la tempête, qui ſuivoit les éclairs échappés de ſes yeux.

La jeune Seutris, par la nobleſſe de ſon jeu, promettoit déjà de les atteindre.

Parmi les hommes voués à ce genre d'exercice, on comptoit les Quelin, les Birzart ; tous deux plein de force & de ſentimens, étoient en effet, les héros qu'ils repréſentoient ; on frémiſſoit avec eux ; avec eux on pleuroit.

S'agiſſoit-il dans un comique agréable, de rendre les chefs-d'œuvres d'Élomire, l'inimitable Villepré, heureux & fécond Protée, excelloit dans l'art de ces fourbes adroits qui deviennent les gouverneurs de leurs maîtres ; falloit-il peindre les airs dédaigneux, ou les manières précieuſes & ridicules de ces fières Néréïdes, qui ne pouvoient ſe défaire de leur ton de Déeſſe, c'étoit le rôle de ſon aimable Compagne.

Tolem, divin Tolem, qui mieux que toi dans

un rôle enchanteur, rendit jamais les Frivolidès & leur aimable légèreté.

Un jour que le peuple enchanté élevoit juf-qu'aux Cieux les fublimes talens dé ces utiles Pa-riféens, la fille de la puiffante Fétiffe, Plancée, dont les connoiffances s'étendoient jufques fur les fiècles futurs, s'écria avec enthoufiafme : » Dieux ! « que vois-je dans l'avenir ? Ces mortels efti-» mables, qui voués au bien public, vous tirent » de la barbarie ; ces talens enchanteurs qui vous » raviffent, & que vous élevez fi haut, avilis chez » vos neveux, méprifés, perfécutés, oferont à » peine fe montrer ; vous leur élevez des autels, » & la cendre des infortunés qui leur fuccéderont, » fera peut-être un jour privée des honneurs de la » fépulture !

Malgré toute la confiance qu'on accordoit aux prédictions de l'époufe de Francus, on ne pouvoir croire une révolution fi furprenante ; mais ce qui contribua infenfiblement à retrancher de la confidération dont jouiffoient ces acteurs, fut fans doute la licence de quelques auteurs, qui s'éloignèrent peu à peu du but qu'on s'étoit d'abord propofé, & la complaifance que l'on eut de per-mettre aux Néréïdes qui étoient reftées libres fous l'empire de l'Amour, de prendre des rôles dans cette troupe choifie; car plufieurs d'entr'elles après avoir vanté publiquement les douceurs de l'hymen, ainfi que la fidélité qui lui étoit due, le tournoient enfuite fécretement en ridicule, & faifoient fuccéder aux vertus févères qu'elles venoient de célébrer, les vices d'une aimable débauche; d'où il arriva que la jeuneffe ne fuivant que trop ces impreffions nouvelles, bientôt l'hymen fut moins refpecté.

Le tendre & vertueux Parifis ne fut point à l'abri de cet orage; fon cœur né fenfible, négligea bientôt Gallie pour une de ces féduifantes Néréides; d'abord ce ne fut qu'un mouvement de curiofité, qui le conduifit dans un de ces modernes fanctuaires confacrés à la licence fous le nom de liberté; les jeunes Princes manquent rarement de flatteurs, toujours prêts à leur applanir les fentiers du vice; l'imprudent Amafius & le léger Frivolidès, furent encore les héros de cette négociation, & les auteurs des larmes qu'elle coûta à la plus tendre des époufes.

La folâtre Érictée, l'amie de Lilia, qu'elle avoit fans doute laiffée à Lutèce pour l'informer de tout ce qui s'y paffoit, fut la nouvelle Hélène qui faillit perdre cette Cité naiffante & l'étouffer dans fon berceau.

Cette dangereuſe beauté occupoit un de ces petits temples conſacrés à l'Amour, dont Lutèce étoit environnée ; l'élégance & le goût de cette habitation champêtre, y attiroit en foule la jeuneſſe Pariſéenne.

Éri&ée, qui ſentit tout le prix de la conquête du fils de Pâris, ne négligea rien pour s'en aſſurer ; c'étoit une brune piquante, dont la vivacité & l'aimable folie, ſavoit tirer parti de tout en faveur du plaiſir ; ſa fertile imagination trouvoit dans les moindres événemens, de quoi créer quelque fête nouvelle ; il ſembloit que les jeux & les ris aimaſſent à ſe fixer par préférence aux lieux qu'elle habitoit ; ſi les graces qui la ſuivoient n'étoient pas toujours les plus modeſtes, une gaze légère ne les rendoit que d'autant plus ſéduiſantes ; & l'ombre de la vertu qui ſembloit encore les couvrir, décidoit preſque toujours leur triomphe.

Gallie inſtruite de cette intrigue, & peu faite pour être négligée, y fut ſenſible ; elle n'avoit pour oppoſer à tant d'art, qu'un cœur ſimple & droit, qu'un amour tendre & ſincère, que des vertus ſolides ; mais en étoit-ce aſſez pour tenir contre les charmes de la nouveauté, dans le cœur d'un époux dont l'âge étoit celui des paſſions ? Envain conſulta-t'elle ſes Compagnes ſur un changement fi cruel pour elle ; on l'écouta, mais fans la plaindre ; elle fentit enfin que trop fûre de fa conquête, elle avoit négligé de la conferver par ces tendres attentions, ces complaifances qui font le charme de l'amour & fon aliment le plus doux.

Ce ne fut pas envain que le fils de Vénus fecoua fon dangereux flambeau fur ce jeune Prince ; Ériétée fçut affez profiter de l'afcendant que fes charmes lui donnoient fur Parifis, pour fe voir bientôt en état de venger fon fexe, & de préparer une révolution funefte aux Pariféens.

Sûre de ce qu'elle pouvoit fur fon amant, elle voulut encore voir Francus fous fes loix, bien convaincue que la jaloufie de ces deux jeunes rivaux, feroit fuccéder la haine à la tendre amitié qui les uniffoit, & jetteroit infailliblement le trouble & la guerre dans ce nouvel empire.

Mais Pâris inftruit de cette intrigue, ainfi que des fécrets fentimens d'Ériétée, détruifit à tems ce projet ; comme il la connoiffoit, il crut d'abord la faire connoître à fes amans.

Mes amis, leur dit-il un jour, qu'il les trouva prêts à décider leur querelle par les armes, » je » fuis bien éloigné de vous faire un crime d'un » amufement, où le feu de votre âge a plus de » part en effet que vos cœurs ; Ériétée eft aimable,

» & mérite fans doute votre hommage ; mais l'a-
» mitié comme l'amour, a fes droits fur les cœurs
» généreux : apprenez qu'au moment où vous allez
» vous arracher la vie pour plaire à cette ingrate ,
» elle vous trahit l'un & l'autre, & s'applaudit de
» fon triomphe : fi vous en doutez, fuivez - moi ,
» vous en verrez bientôt la preuve , & peut - être
» même l'entendrez-vous de fa propre bouche.

Parifis & Francus étonnés de tout ce qu'ils en-
tendoient, ne pûrent fe refufer à ce que Pâris exi-
geoit d'eux , & le fuivirent fous un rocher voifin ;
ils y trouvèrent un jeune Samothide complice
d'Éri&ée , qu'avoit gagné Pâris , & qui convint
devant eux que cette même Éri&ée , avant que de
l'envoyer à Lilia porter la nouvelle du combat
des deux jeunes Princes, vouloit jouir du barbare
plaifir de voir le corps fanglant de celui qui pé-
riroit pour elle : » elle eft (ajouta-il) à quatre pas
» d'ici dans le fond de cette caverne ; elle y
» attend que j'aille l'avertir du moment où elle
» pourra paroître.

Effrayés de tant de noirceur ; & ofant à peine
y croire, les deux Princes convinrent de fe couvrir du fang d'une biche, de déchirer leurs vêtemens, de rompre en partie leurs armes, de s'é-
tendre fur le fable, dans la fituation de deux enne-

mis qui venoient de s'entretuer ; que Pâris se ca-
cheroit sous le rocher voisin, & que le jeune Samothide iroit avertir Erictée de l'issue du combat.

La cruelle ne se fit pas longtems attendre ; à peine
apperçut-elle ses amans baignés dans leur sang,
que courant vers leurs prétendus cadavres :

» Les voilà donc (s'écria-t'elle) ces orgueilleux
» étrangers, qui jaloux de notre supériorité, ont
» renversé notre empire ? Amour ! je te rends
» graces de ce double triomphe, & si jamais nos
» autels sont relevés, à toi seul en sera la gloire.

Elle ordonna alors au Samothide, d'aller porter
à Lilia cette heureuse nouvelle.

Erictée parloit encore, lorsque Francus & Parisis
se levant tout-à-coup, coururent à cette perfide,
qui se sauva dans la forêt voisine, où ils ne daignèrent même pas la suivre.

Pâris satisfait, reparut ; les deux jeunes Princes
s'embrassèrent en sa présence, & se jurant une amitié éternelle, rentrèrent à Lutèce, où ils abjurèrent
leur fol amour aux pieds de Plancée & de Gallie,
qui promirent de tout oublier.

Ces tendres époux étoient encore dans l'en-
thousiasme de leur bonheur, & le peuple par des
fêtes y prenoit part, lorsque le fleuve parut extraor-
dinairement agité, quoique le Ciel fût tranquile &

ferein. Les Pariféens, triſtement répandus fur le rivage, cherchoient la cauſe de ce phénomène ; Pâris lui-même, au milieu de ſa Cour & des Pari-féennes tremblantes, faiſoit part de ſes craintes à ſes amis, lorſqu'un char étincellant, attelé de monſtres furieux, & annoncé par un coup de tonnere, parut voler ſur les ondes de la Seine du côté de l'orient : c'étoit la puiſſante Fétiſſe : Pâris courut la recevoir.

» C'eſt moi-même, lui dit la Fée en lui tendant
» la main; j'ai promis de t'être propice ; je tiens
» parole. Sache donc, que tandis que les jeux &
» les plaiſirs t'occupent au ſein de la molleſſe, un
» orage affreux ſe forme ſur ta tête : en ce moment,
» le plus terrible de tes ennemis, le fier Albion,
» au pied de la redoutable Enſis, (Divinité des
» Celtes) jure au Chef de ce peuple errant, de lui
» livrer ces régions promiſes à ta poſtérité. Ré-
» veille-toi ; déjà Celtès, ce farouche vainqueur
» de tant de Nations, réuni aux Inglis, raſſemble
» ſes forces pour t'accabler ; je ne puis que t'en
» inſtruire ; le ſort, qui a borné notre puiſſance, a
» voulu que pour ne rien changer au deſtin des
» empires, nous ne fuſſions occupés que du bon-
» heur des hommes, & nullement de leurs que-
« relles particulières, dans la crainte que nous ne

» nous amufaffions à bouleverfer en leur faveur .
» le Ciel, la terre & tous les élémens ; plaifir que
» les Dieux fe font réfervé à eux feuls ; Troyens ,
» vous en étes les triftes preuves.

Pâris fentit tout le prix de cet avis important ;
en homme prudent , il avoit envoyé à la fuite
d'Albion , pour obferver fes démarches ; mais
comme il ne lui étoit encore revenu aucunes nouvelles, il penfoit que ce fanatique Samothide réduit au défefpoir, exhaloit fa vaine fureur au fond
de quelque défert inconnu , & qu'il ne reparoîtroit
jamais ; mais dès qu'il apprit la ligue que ce furieux avoit faite avec les Celtes & les Inglis , il en
prévit les fuites dangereufes.

Francus & Longho jurèrent à Pâris une alliance
inviolable , promirent de joindre leurs forces aux
fiennes, & l'on ne s'occupa plus que des préparatifs
de guerre.

Le fils de Priam voulant connoître plus particulièrement les ennemis qu'il avoit à combattre ,
pria Longho de lui apprendre ce que c'étoient que
les Celtes , dont il avoit autrefois fuivi les éten-
dars ; ce qu'il fit en ces termes.

» Ces peuples, qui circulent de l'orient au nord ,
» fans habitations fixes, n'ont encore connu au-
» cune efpèce de propriété ; ils s'arrêtent fur le

» bord des rivières, le long des bois, dans les
» vallées abondantes en pâturages ; leurs habita-
» tions ne font couvertes que de joncs, foutenus
» par des étays enduits d'argile, ou ce font des
» efpèces de huttes fouterraines, qui les mettent à
» l'abri des rigueurs de l'hiver : ils changent fou-
» vent de lieu, afin que ne s'attachant à rien, ils
» ne foyent jamais détournés par aucun objet du
» métier de la guerre, qu'ils croyent le feul digne
» de l'homme ; ce n'eft pas qu'ils ne connoiffent
» les villes, ils en ont détruit un grand nombre ;
» mais ils regardent les murs, comme une marque
» de crainte & d'efclavage, contraires à cette en-
» tière liberté dont ils font fi jaloux ; ils ont feule-
» ment pour leurs troupeaux de vaftes enceintes,
» entourées de pieux entrelaffés, & ces enceintes
» s'appellent Bourgs.

» Les Celtes font fobres, d'une force extraordi-
» naire ; endurcis à la fatigue, ils fupportent éga-
» lement le froid & le chaud ; leur habillement,
» peu différent des nôtres, eft une efpèce de faye
» de peaux d'animaux, tombant fur le genou, &
» qu'ils agraffent fur l'épaule ; ils portent la barbe
» longue, les cheveux courts ou retrouffés fur la
» tête ; ils ne vivent que de lait, de beurre, de
» fromage, de fruits, de la chair de leurs troupeaux

» ou de leur chaffe ; ils adorent par deffus tout, la
» Déeffe Enfis, Divinité redoutable , & à laquelle
» ils immolent les premiers prifonniers qu'ils font
» fur leurs ennemis : Theutatès , Héfus & Taranès,
» font auffi du nombre des Dieux qu'ils révèrent.

» Leurs femmes, qui fe peignent le vifage & le
» corps de différentes couleurs, les fuivent par-
» tout ; ils n'en connoiffent point avant vingt ans ,
» & croyent que la continence nourrit la vigueur
» & ajoute à la taille ; la dot d'une époufe eft fa
» vertu , & l'adultère eft puni de mort; de ces ma-
» riages, naiffent des enfans vigoureux , à qui les
» meres préfentent les premiers alimens fur des
» épées tranchantes; l'unique grace qu'elles de-
» mandent pour eux à la puiffante Enfis, au mo-
» ment de leur naiffance, eft qu'ils meurent à la
» guerre; ils vont nuds jufqu'à l'âge de puberté ;
» leur principale occupation eft de monter à che-
» val, de s'exercer à la courfe, à la chaffe, & au
» maniement des armes; ils paffent les fleuves à la
» nage, même dans le fort des hivers.

Pâris, qui ne perdit pas un mot de ce récit ,
prévit tout ce qu'il avoit à craindre de l'alliance
d'Albion avec de tels ennemis, & ne s'occupa plus
que du foin de les bien recevoir : il fit part de cet
événement , & du danger auquel il fe trouvoit

exposé, à tous ceux dont il avoit acquis l'amitié dans les différens pays qu'il venoit de parcourir; il envoya demander du secours aux peuples des bords du Ligéris, aux Burdigaliens, aux Tolosains, aux Tectosages, aux Arélates; il espéroit sur-tout beaucoup des promesses de Tolonius, de Bocaris, qui étoient déjà partis pour cet effet, & de l'amitié des Marsilliens.

Parisis de son côté, chargea Zaraïs d'aller presser l'arrivée des Eduens & des Liontins; ne doutant pas que prévenus par Tolonius, ils n'eussent déjà rassemblés leurs forces: tous ces peuples étoient intéressés à défendre les Pariséens, dans la crainte où ils étoient de succomber ensuite eux-mêmes sous le fer de ces redoutables ennemis.

Outre ces secours éloignés, Pâris rassembloit encore à Lutèce, tout ce qu'il pouvoit trouver de Sauvages dans les déserts voisins, les mêloit avec les Pariséens, & les formoit dans l'art de la guerre: Hyppodamon, Troyen de la suite de Francus, dressa une quantité suffisante de chevaux; Calchonides, Phocéen d'origine, en fouillant le sein de la terre, y trouva des mines de fer, qui sous ses mains industrieuses, produisirent en peu de tems, des armes de toute espèce, & bientôt Lutèce changea de face.

Fétiſſe montrant pour les Pariſéens le plus grand intérêt, ordonna à leur Chef d'élever un temple au Dieu de la Guerre ; elle-même en traça l'enceinte ſur une montagne voiſine, qui depuis porta le nom de mont de Mars (1) Un jour que de cette éminence, où la Fée étoit aſſiſe au milieu d'une Cour nombreuſe & brillante, Pariſis lui faiſoit voir cette vaſte plaine, dans laquelle le fleuve promenoit ſes eaux tranquiles à travers des prairies immenſes & des bois agréables, & qu'il lui montroit Lutèce, cette île enchantée, couronnée de hauts peupliers, déjà couverte d'un grand nombre de cabanes, Fétiſſe ſourit & lui dit.

» Quel ſeroit donc ton étonnement, mon fils, » ſi tu voyois ce que l'étendue de mes connoiſ- » ſances me fait découvrir dans le ſombre avenir ; » ſi comme moi, dans cet inſtant, tu voyois les » ſiècles futurs ſe ſuccéder, & mille prodiges » s'offrir à tes regards étonnés!...

Pariſis pria la Fée de lui faire part d'un ſpectacle ſi intéreſſant, & Lutèce auſſitôt parut à tous les yeux, ce qu'elle devoit être après trois mille ans révolus.

Au lieu de ces prairies, de ces bois à travers

---

(1) Aujourd'hui Montmartre.

lefquels couloit le fleuve , toute la plaine parut couverte d'un nombre immenfe de maifons , de fuperbes palais , de jardins délicieux , de temples magnifiques, qui s'élevoient jufques dans les nues ; l'île de Lutèce ne parut plus elle-même , qu'un point au milieu de ce monde nouveau , qui s'étendoit de ce côté jufqu'au pied du mont de Mars.

Quels font , lui dit Pâris , ces maffes énormes de bâtimens fomptueux , qui formant une ville entière , font joints par cette immenfe gallerie qui baigne le fleuve ? & pourquoi l'un de ces palais (1) , vrai chef-d'œuvre de l'art , paroit-il abandonné fans avoir été fini ?

» C'eft , lui dit Fétiffe la demeure facrée des
» Rois; mais ce peuple aimable , prompt à former
» de vaftes projets , fera toujours d'une lenteur
» extrême à les exécuter ; par une légèreté qui lui
» eft naturelle , fes idées fe porteront fans ceffe à
» mille objets nouveaux , qui lui feront aban-
» donner les anciens; de-là ces modernes établiffe-
» mens , ces temples , ces places publiques , tous
» ces travaux commencés qui reftent fufpendus ,
» & que vous découvrez de toutes parts fur les
» heureux rivages de la Seine.

-----

(1) Le Louvre.

» Croiriez-vous, par exemple, que ces vaftes
» édifices, que finit près de-là avec tant d'ardeur,
« cette multitude innombrable d'ouvriers que vous
» découvrez fur la droite, ne font faits que pour
» loger une troupe d'aveugles (1) ; tandis qu'une
» fociété choifie d'hommes éclairés, habite dans
» les immenfes galetas de ce palais imparfait, à
» travers des tas informes de matériaux & de
» trifles décombres : c'eft de fon faîte mutilé, que
» la jaloufe Barbarie, aux regards farouches &
» deftructeurs, arrête ces travaux cent fois repris,
» pour faire de ces lieux qu'elle quitte à regret,
» fon dernier afile ; c'eft de-là, qu'elle femble en-
» core donner des loix, & triompher des Arts en-
» chaînés à fes pieds: envain le bon goût a dé-
» chiré le voile qui cache cette riche colonnade,
» ces grues fufpendues dans les airs, cette forêt
» de charpente abandonnée, périffent victimes de
» cette Déeffe, qui ne fe plaît qu'au milieu des
» ruines & des déferts, d'où elle voudroit étendre
» fon empire fur l'univers entier.

» Vous avez peine fans doute, continua la Fée,
» à concevoir cette inconféquence ; elle exiftera
» cependant un jour fous le meilleur des Rois ,

----

(1) Les Quinze-Vingt.

» quand

» quand ce peuple sera déjà policé, & se croira
» parvenu au comble de la gloire ; mais suivez-moi
» à travers ce peuple immense qui couvre ce dé-
» dale, ce vaste labyrinthe de rues entrelassées les
» unes dans les autres.

Tout le monde se leva pour accompagner Fétisse, qui descendit la montagne au milieu de la
nombreuse Cour qui la suivoit ; l'étonnement de
Pâris, de Parisis, de Plancée & de Gallie, croissoit
à chaque pas ; à peine pouvoient-ils se reconnoître
dans la foule qui les environnoit de toutes parts,
sans cependant qu'on les apperçût ; une multitude
innombrable d'hommes, de chevaux, de voitures
de toutes espèces, innondoient cette Ville immense,
& l'air retentissoit d'un bruit si confus, que le tonnere auroit eû peine à s'y faire entendre.

Gallie & Plancée furent poussées par un flux de
cette popu'ace, dans un de ces vastes magasins
rempli de colifichets & de pompons, pareils à
ceux dont les Néréides étoient chargées à la fête
des Modes ; les Pariséennes en admirèrent la singu-
larité, voulurent y toucher, mais ils s'échapèrent
sous leurs doigts ; ce n'étoit que des ombres sans
consistance ; le flux les entraîna bientôt au milieu
de la foule ; elles y virent des Déesses couvertes
de robes superbes, de riches pierreries, traînées

dans des chars dorés avec une forte de refpect ;
tout les raviffoit dans ce monde nouveau.

La curiofité les fit entrer dans un de ces palais,
qui fe préfentoient de toutes parts à leurs yeux ;
elles furent faifies d'admiration, à la vue des meubles précieux & des commodités fans nombre dont
ils étoient remplis ; des efclaves de toutes les couleurs en affiegeoient les portes & en rempliffoient
les avenues ; à la fuite d'une longue file d'apparte-
mens, où règnoient à l'envi le luxe & la magnificence, elles trouvèrent une jeune Néréide affife
négligemment devant un autel, où fes graces ré-
fléchies dans un miroir, s'animoient fous le ver-
millon d'un pinceau ; une poudre mêlée d'effences
précieufes, parfumoit fes beaux cheveux foutenus par des bandelettes d'or & de foye ; des
adorateurs de tous les états de bout autour
d'elle, la contemploient en filence ; ou n'ouvroient
la bouche, que pour lui adreffer des vœux, pour
approuver fes goûts, & encenfer jufqu'à fes caprices.

Les Parifëens parcoururent ainfi plufieurs de ces
palais enchantés, confacrés à Plutus ; ici, autour
d'une table fplendide couverte de mets délicats, fer-
vis fur les métaux les plus précieux & les mieux tra-
vaillés, étoient de nombreux convives, qui à la lueur

de mille flambeaux, dont l'éclatante lumiére le dif-
putoit au plus beau jour, avaloient à longs traits
le nectar des Dieux; plus loin, préfidoient la fortune & le hafard autour d'un tapis couvert d'or,
tandis que dans des cabinets voluptueux, fur des
fophas rebondiffans, de jeunes beautés étaloient
leurs graces aux yeux d'une troupe d'étourdis,
qui les enivroient de leur encens.

» C'eft ici fans doute, s'écria Naïs, que nos
» Déeffes font venues établir leur empire, car je
» les retrouve par-tout.

» Mais que vois-je? pourfuivit Pâris, en portant
» fes pas du côté d'une immenfe place publique
» qui fixa fon attention; que fait cette foule
» confternée, plongée dans la douleur? elle lève fes
» mains au Ciel; fes yeux font mouillés de larmes;
» elle pouffe des cris lamentables! Quel nouveau
» tranfport l'entraîne vers ce temple augufte? elle y
» tombe aux pieds des Dieux; elle embraffe leurs
» ftatues; ah! que ce fpectacle eft attendriffant.

» Ce peuple, lui répondit Fétiffe, tremble de
» perdre le meilleur des Rois; fuivi de l'élite de
» fes guerriers, il eft allé repouffer un ennemi re-
» doutable; la mort qu'il a bravé dans les com-
» bats, veut l'arrêter dans fa courfe; mais raffure-
» toi; les Dieux prennent foin de fes jours; cet

» heureux Monarque, le *bien aimé* de ses sujets,
» sera rendu aux vœux empressés de cette foule
» gémissante.

Les Pariséens, toujours conduits par Fétisse,
avoient continué leur route le long des rivages de
la Seine, en passant d'étonnemens en étonnemens,
& venoient de rentrer à Lutèce, par un grand
pont (1), d'une solidité & d'une construction
admirable, lorsque regardant sur leur gauche, ils
apperçurent un palais d'un architecture aussi ancienne que respectable, & où l'affluence du peuple
étoit si grande, qu'on pouvoit à peine y pénétrer.

C'est ici, dit Fétisse, qu'habitent les enfans de
la sévère Thémis. Ce sont sans doute, répondit
Pàris, les descendans de nos Thémisiens, car je
crois les reconnoître à ce grave maintien, à cet air
imposant, & à cette énorme chevelure qui domine
sur cet habit lugubre.

» Il est vrai, répondit la Fée, qu'attachés aux
» anciens usages, ils ont conservé le même cos-
» tume, & qu'ils sont encore à peu près les mêmes
» que vous les avez vûs : Protecteurs des Loix,
» amis des Dieux, ils seroient adorés sur la terre,
» s'ils pouvoient chasser de ce sanctuaire auguste,

---

(1) Le Pont-Neuf.

» la noire chicane , qui heurle fans ceſſe aux
» cent portes de ce dédale inextricable, & prof-
» crire cette inſidieuſe éloquence, qui protectrice
» du faux comme du vrai, ne parle que l'or à la
» main ; talent funeſte, dont gémit la timide inno-
» cence, & qui devroit à jamais être banni du
» palais de Thémis!

» Cette nation , ajouta, Fétiſſe , ſera célèbre
» par la profonde ſageſſe de ſes loix ; nul autre
» peuple de la terre ne l'égalera de ce côté ; mais
» de ſavans commentateurs les couvriront d'é-
» paiſſes ténèbres , en prétendant les éclaircir :
» le plus grand des Miniſtres , ſeroit celui qui
» diroit un jour en entrant en place ; je promets
» de ne faire aucun nouveau réglement ; je jure
» ſeulement de faire exécuter les anciens, & qui
» tiendroit parole.

» Il faudroit encore , reprit Pâris, que vous pré-
» taſſiez à ce Miniſtre reſpectable ce verre mer-
» veilleux, dont vous avez enrichi la bibliothéque
» de Francus, pour que ce code immenſe , mis au
» creuſet & frappé des rayons du ſoleil, ſe refon-
» dît & ſe réduiſît de façon , que débaraſſé de
» toutes les interprétations , modifications & va-
» riations qui l'obſcurciſſent , il n'en reſtât que la
» loi devenue ſi claire, que les Thémiſiens l'apper-

» çûffent du premier coup d'œil, & n'eûffent plus
» qu'à prononcer.

» Ce verre enchanté, répliqua Fétiffe, produiroit
» envain ce prodige, fi l'on confervoit ces louches
» enfans de la chicane, qui nourris de fon lait em-
» poifonné, ne vivent que des brouillards épais,
» qui s'élèvent du fond de leurs études ténébreufes.

Tant que le jour dura, Fétiffe promena les Pariféens dans la future Lutèce , & augmentoit à chaque inftant leur furprife : il y avoit déjà plufieurs
heures qu'ils cotoyoient le côté gauche du fleuve,
lorfqu'ils découvrirent de fomptueux bâtimens ,
du milieu defquels s'élevoit un dôme majeftueux,
dont la flèche dorée fembloit fendre la nue.

Peu loin de-là & fur la même rive , fe préfentoient d'autres bâtimens imparfaits, mais qui
promettoient d'égaler la magnificence des premiers.

» Ce font-là, dit Fétiffe, les monumens fameux
» de deux grands Rois : voyez cette jeuneffe aima-
» ble répandue dans le champ de Mars , qui par
» fes jeux forme différentes évolutions militaires :
» c'eft la plus chere efpérance de cette Nation
» guerrière ; c'eft fon fang le plus pur, qui circule
» dans les veines de ces jeunes héros; impatiens de
» le répandre pour la patrie , c'eft de-là qu'ils

» prennent leur eſſor pour paſſer dans les camps ,
» & voler au champ de la victoire.

» C'eſt de cette route pénible , que le génie de
» la nation les ramène à cet autre édifice plus
» magnifique encore , où ils viennent enfin dépoſer
» dans le ſein du repos , les reſtes précieux d'une
» vie glorieuſe , conſacrée à la défenſe de l'Etat.

Pâris admiroit ces ſuperbes monumens , leur
noble inſtitution , & envia le bonheur des peuples
qui feroient un jour gouvernés par de tels maîtres ;
il s'occupoit de ces objets , lorſqu'un grand bruit
d'inſtrumens guerriers le tira de ſa rêverie ; c'étoit
une revue de quelques Corps raſſemblés au champ
de Mars : le Héros Troyen ſuivi de ſa Cour , ſe
porte avec empreſſement à ce nouveau ſpectacle ,
admire la beauté de ces troupes , leur ordre , & la
préciſion de leurs différentes évolutions ; il eſt ſur-
tout frappé de leur marche cadencée , à la manière
des Sarmates , de leur habillement , de leur air
leſte , & de la coëffure légère qui couvre à peine le
ſommet de leur tête.

» Voilà , dit Fétiſſe , l'élite des hommes de cet
» empire ; ſon Souverain alors aura plus de trois
» cent mille bras de cette eſpèce à ſon ſervice ;
» mais par un préjugé fatal , ces corps nerveux
» pendant les loiſirs de la paix , deviendront per-

» dus pour l'État, ces jambes vigoureuses ne fe-
» ront que pirouetter en cadence dans un champ,
» dont ils fouleront l'herbe naiſſante ; & cette nom-
» breuſe Cavalerie, qui vous ſemble ſi belle, rui-
» nera ſes chevaux dans des manèges à force de
» manœuvres, plus faites pour des tournois que
» pour de vrais combats.

» Combien de travaux à faire dans un grand
» Etat, lorſqu'on veut travailler ſérieuſement à ſa
» gloire, à ſon utilité ! l'emploi des hommes eſt un
» art dont les Dieux ſemblent avares; peu de mor-
» tels ſont favoriſés de ce don précieux ; les deſcen-
» dans d'Enée (1) en donneront un jour l'exemple ;
» ce Héros, aujourd'hui fugitif comme vous, tra-
» vaille à ſe fonder un empire dans le Latium. Je
» vois ſes heureux enfans conquérir l'univers en-
» tier, & pendant la paix, endurcis à des travaux
» utiles, ne pas rougir d'ouvrir eux-mêmes des
» routes nouvelles, pour ſe tranſporter plus com-
» modément pendant la guerre, d'un bout de
» leur empire à l'autre, & pour procurer les
» mêmes avantages au commerce.

» Mais la Barbarie règnera encore longtems dans
» cet empire qui t'eſt deſtiné, compoſé de différens
» peuples ; chacun voudra conſerver ſes loix, ſes

____

(1) Les Romains.

» ufages, fes prétendus privilèges, deftructifs du
» bien public ; de-là naîtront mille abus, jufqu'à ce
» qu'un grand Roi leur dife à tous ; je fuis votre
» pere, vous êtes mes enfans ; comme vous n'avez
» qu'un Roi, qu'il n'exifte plus parmi vous qu'une
» loi, qu'une coûtume, qu'un poids, qu'unemefure,
» & qu'un tribut, que tous mes fujets voyagent en
» liberté d'un bout de mon empire à l'autre ; que
» l'amour du bien général les ramène tous à un
» même principe ; que fous le plus aimé des Rois,
» ils ne faffent un jour qu'une famille de freres.

A peine la Fée avoit-elle fini ces mots, que la
fcène changea ; que ces fuperbes monumens, ces
guerriers, ces camps, & cette immenfe Cité s'éva-
nouirent, & que Fétiffe elle-même difparut à tous
les yeux.

Pâris inftruit des projets de fes ennemis, ne
s'occupa plus que des moyens de les bien recevoir :
profitant de l'empire que les femmes, quoique
foumifes, confervoient encore fur les hommes,
ce fut par ces fières beautés qu'il voulut élever le
courage des Samothides, enflâmer leur ame pour
la gloire, & les tirer de l'efpèce de ftupidité, où les
avoit plongé l'efclavage où ils avoient langui fi
longtems.

L'amour des Dieux & des belles devint bientôt

la bâſe du nouveau gouvernement de Lutèce ; ce fut pour y donner plus d'activité que Pàris inſtitua des tournois , tels que ceux qu'il avoit vûs à la Cour de ſon pere : chaque beauté faiſoit choix d'un Chevalier , qui dévoué à ſes ordres , devoit lui rapporter toutes ſes actions , & la défendre envers & contre tous. C'eſt de-là , ſans doute , que la galanterie françoiſe a tiré ſon origine.

On propoſa des couronnes pour les plus vigoureux à la lute , pour les plus adroits à lancer un javelot , pour ceux qui excelloient dans l'art de conduire un char , ou qui ſe diſtinguoient dans les courſes de bagues & de chevaux ; ces jeux pénibles donnoient aux corps cette agilité , cette force , ſi néceſſaires dans les combats , & les Dames par leur préſence , excitoient l'ardeur de cette brillante jeuneſſe.

De crainte que la tendreſſe paternelle ne s'oppoſât à une éducation aſſez dure en apparence , un Pariſéen devoit confier ſon fils à un autre Pariſéen ; auſſi cette Nation faite pour la gloire , ſentit bientôt que la guerre étoit ſon élément naturel.

Les préſens les plus ordinairement offerts par les mains des Dames , étoient des armes de toute eſpèce ; ce ne fut que longtems après , quand la futilité ſe fut emparée de l'eſprit de la Nation , que ces dons se réduisirent à de simples rubans , à des écharpes , & à des nœuds d'épées : c'étoient les Pariséennes elles-mêmes qui couronnoient & proclamoient les vainqueurs ; on eût dit que les femmes de ces contrées , réduites à obéir aux hommes , vouloient du moins en faire des héros dignes de leur commander ; elles associoient la gloire à l'amour , & invitoient par ce double charme , ces guerriers aimables à tout sacrifier pour l'honneur & pour la patrie : revenoient-ils couverts de sang & de poussière , après avoir mesuré leurs forces avec quelques rivaux redoutables , c'étoient les Dames qui les désarmoient , qui lavoient leurs blessures , qui leur donnoient tous les secours dont ils pouvoient avoir besoin ; c'étoit dans ces champs d'honneur , situés au pied du mont de Mars , que les jeunes Néréides choisissoient leurs époux parmi les plus braves ; la beauté devenoit le prix du courage , & ces mariages fondés sur l'estime & la valeur, furent bientôt la source d'un peuple de héros.

Comme chez les Pariséens tout étoit soumis à l'empire de la Mode, divinité du moment , en peu de tems tout chez eux devint Chevalier: Pâris en sentit l'avantage , & ·sçût en profiter : c'est ainsi qu'un Prince intelligent fait tout servir au bonheur & à la gloire de ses sujets.

Le premier tournois fut donné le jour conſacré à la fête de Mars , à l'imitation des jeux inſtitués par Hercule. Francus & Longho y parurent avec l'élite des Francs & des Longhoniens. Pariſis , Hyppodamon , Sarronidas , Calconidès , y acquirent beaucoup de gloire.

Le rivage à ladroite du fleuve , étoit couvert de tentes, de pavillons & d'amphitéâtres dreſſés autour de la carrière , où tant de jeunes héros ſe ſignaloient : les deux côtés de cette vaſte lice étoient diſtribués en loges , dont les pilaſtres & les ceintres étoient chargés de bannières , de banderoles & d'écuſſons ; les places les plus diſtinguées étoient pour les Dames , & les Vieillards furent nommés Juges du Camp.

Pâris voyoit avec les tranſports de la joie la plus vive , tant de jeunes Guerriers entrer dans la carrière de la gloire.

Un jour au moment où les jeux alloient commencer, on vit paroître trois étrangers , qui ſimples voyageursen apparence , avoient, diſoient-ils , été conduits à Lutèce par le haſard ; à leur habillement & à leurs armes , Longho les reconnut pour Celtes.

Pâris ne douta pas qu'ils ne fuſſent envoyés par Albion, pour reconnoître les forces qu'on avoit à lui oppoſer. Le Chef des Pariſéens les reçut avec générofité, & les plaça fur les amphitéâtres parmi les Dames, qui les accueillirent avec politeffe ; la beauté du fpectacle, & la quantité des Chevaliers qui fe préparoient à entrer en lice, les étonna , & leur furprife augmenta à la vue du Chef des Longho‑niens, & de fa vaillante troupe armée à la façon des Celtes.

Les jeux commencent par le combat de la lance ; Francus & Longho font les premiers qui paroiffent fur l'arène avec un égal avantage ; le jeune Saronidas défarme Hyppodamon, & lui fait mordre la pouffière ; les graces de l'aimable Anthée ne peuvent tenir contre la force du brave & nerveux Tarès ; Frivolidès trouve ces jeux barbares, & ne veut pas méme tenter d'y rompre une lance.

Parifis enfin paroît dans la carrière, fixe fur lui tous les yeux, & ofe défier les plus hardis. La tendre Gallie, tremblante pour fon époux, folli‑citoit des yeux Amafius & Frivolidès d'entrer en lice, dans l'efpérance de procurer à fon cher Pa‑rifis un triomphe peu dangereux ; mais trop occu‑pés dans les loges des Dames du foin important de les placer, de régler le cérémonial, & de pourvoir aux rafraichiffemens , ils feignentde ne point l'en‑tendre.

Aucun des Chevaliers ne fe préfente pour com‑

battre le fils d'Œnone, dans la crainte d'allarmer sa trop sensible épouse, & les jeux alloientfinir, lorsqu'un des trois étrangers se lève, descend dans la lice, & demande une lance.

C'étoit le redoutable Cosquedin, Scithe d'origine, sa taille extraordinaire inspiroit l'épouvante; élevé dans le camp des Celtes, il s'y étoit acquis beaucoup de gloire : après avoir regardé fièrement son ennemi, & parcouru des yeux l'assemblée, il quitte l'espèce de tunique qu'il portoit, & d'un bras nerveux saisissant la lance qu'on lui présente, il l'agite avec tant d'adresse & de force, que le moins timide en frémit : Gallie saisie d'effroi, pousse un cri lamentable, s'évanouit, puis revenue à elle-même, & rappellantses forces, court embrasser les genoux de Pâris.

» Souffrirez-vous, Seigneur, lui dit-elle en sou-
» pirant, que ce colosse, ce farouche étranger
» se mesure avec votre fils ? sa jeunesse soutien-
» dra-t'elle les efforts de ce redoutable Scithe,
» dont l'aspect seul inspire la terreur?

» Cet adversaire est formidable j'en conviens,
» répondit Pâris ; mais mon fils n'est point fait
» pour reculer, dût-il tomber sous ses coups ;
» que diroient ces fiers ennemis, en retournant
» parmi les leurs ? qu'ils ont trouvé Pâris au milieu

» d'une troupe de femmes , & que son fils leur a
» demandé grace ? il faut qu'il triomphe , ou qu'il
» meure ; au même âge que lui , avant que mon
» cœur se fut livré aux foiblesses de l'amour ,
» étranger à la Cour de mon pere , & dans un
» semblable tournois , j'avois déjà vaincu le redou-
» table Hector : d'ailleurs il n'est plus tems d'y
» mettre obstacle ; tournez les yeux vers la car-
» rière ; ils sont aux mains ….je reconnois mon
» fils !

Gallie se tait , sanglotte & détourne les yeux ;
un silence profond règne dans l'assemblée ; tous les
bras sont levés vers le Ciel , & tous les regards fixés
sur les combattans ; le redoutable Cosquedin , tel
qu'un roc inébranlable au milieu de l'arène , reçoit
sans s'émouvoir les premiers coups , les pare ,
frappe à son tour , fait plier deux fois son adversaire , comme un roseau flexible au soufle des
vents , & deux fois le jeune Héros se relève avec
encore plus de courage ; s'il recule de quelques
pas , c'est pour revenir à la charge avec plus de
fureur ; il sent l'inégalité du combat ; mais sans en
être effrayé , il jette au loin son javelot , s'arme
d'une hache tranchante , & suppléant la force par
l'adresse , il coupe d'un seul coup la lance de son
ennemi , qui déconcerté & pret à périr , lui cède

la victoire; mille battemens de mains se font en=
tendre; mille cris de victoire frappent les airs;
Gallie renaît, rends graces aux Dieux, & Pâris est
baigné de larmes; le prix, d'une voix unanime,
est adjugé au jeune Parisis; c'étoit un bouclier
d'un acier impénétrable, chef-d'œuvre de l'indus-
trieux Calchonidès; il fut remis à Gallie, qui suivie
d'une foule de jeunes Pariséennes, courut en
armer le vainqueur, au milieu des acclamations
de l'assemblée.

Cosquedin, plus heureux à la lutte, signala son
adresse & sa force contre un des fils de Longho,
qu'il terrassa; & le Scithe vainqueur couronné par
Plancée, en reçut un casque du poli le plus admi=
rable.

Ces étrangers, après avoir passé plusieurs jours
à Lutèce, s'en retournèrent chargés de présens,
& le rapport qu'ils firent à Celtès de la situation
du pays, du nombre & de la qualité de ses dé=
fenseurs, lui en donna une idée bien différente de
celle qu'Albion lui avoit fait naître; il ne renonça
pas au projet de s'établir dans les nouveaux états de
Pâris; mais il crut par prudence devoir en différer
l'exécution pour en rendre le succès plus certain; &
malgré les vives instances d'Albion, cette expédi=
tion fut remise au printems de l'année suivante.

Celtès

Celtès ignoroit les relations de Pâris avec les différens peuples de ces vaſtes régions, dont To-lonius & Botaris étoient allés raſſembler l'élite pour l'amener au ſecours des Pariſéens, & que ce retard leur donneroit le tems d'arriver ; il demeura campé ſur les rivages de la mer, dans cette belle & riche province où les habitans du Nord vinrent depuis s'établir, & qu'ils appellèrent de leur nom : (1) d'où par le moyen de l'iſthme qui joi-gnoit encore alors le pays des Inglis, aux terres appellées depuis Gaules, il communiquoit avec les peuples de cette preſqu'île, devenus ſes alliés après les avoir ſoumis, & c'étoit avec leurs trou-pes que comptant groſſir ſon armée, il ſe prépa-roit à aller conquérir & renverſer la naiſſante Lutèce.

____

(1) La Normandie.

LIVRE DOUZIÉME.

Cependant Pâris, que ses malheurs avoient rendu prudent, instruit des préparatifs formidables de ses ennemis, redoubloit de soins pour se mettre en état de les bien recevoir; Francus & Longho promirent de ne le pas quitter, de le seconder de toutes leurs forces, d'appeller leurs amis, & cette guerre devint générale pour toute la Nation.

Les Pariséens apprirent bientôt qu'il leur venoit des secours de toutes parts; les Œduens, & les Sénoniens, arrivèrent les premiers; ils furent suivis des Suessoniens & des Rhémiens; les Liontins vinrent après, sous la conduite d'un fils de Lugdus, chargés des plus riches étoffes de leurs Manufactures, dont ils firent présent à Gallie, à Plancée, à Naïs, à Méris, & aux plus distinguées des nouvelles Pariséennes : les Marsilliens, les Liguriens & les Arélates, parurent ensuite sous la conduite de Senanus, de Tolonius & de Bocaris : les Tectosages & les Leucates unis aux Narbiens, suivirent de près avec l'élite de leurs troupes conduites par Tolosis; accoutumés aux marches pénibles, & élevés la plupart dans les forêts, l'hiver ne fut point un obstacle à leur zèle, & les Burdigaliens pour être venus les derhiers, n'en témoignèrent pas moins d'ardeur à servir Pâris leur libérateur.

Lutèce étant trop refferrée pour recevoir tant de Guerriers, que le bien commun de la Nation raffembloit, on les logea fous des tentes, au pied du mont de Mars, & chaque jour voyoit arriver de nouveaux défenfeurs de toutes les parties de ces vaftes contrées : la célérité avec laquelle ces fe-cours fe rendirent fur les rives de la Seine, prou-voit la réputation que Pâris s'étoit déjà acquife parmi ces peuples, & combien ils redoutoient l'in-vafion des Celtes, leurs ennemis communs.

Celtès de fon côté fachant le prix du tems, rappelloit de toutes parts fous fes drapeaux fan-glans, fes amis répandus dans les différentes ré-gions qu'il avoit parcourues, & le printems devoit ouvrir la fcène la plus intéreffante qui fe fût jamais paffée dans ces climats.

Les jeunes Pariféennes, que la rigueur de la faifon avoit retenues fous les délicieux abris de leurs îles enchantées, commençoient à fe hafarder fur le fleuve devenu plus tranquile, pour paffer dans les prairies voifines, couvertes de tentes & de foldats, jufqu'au mont de Mars; elles fe fai-foient un plaifir de porter elles mêmes toutes fortes de rafraichiffemens à leurs généreux défenfeurs qui les combloient d'attentions, de tendreffe & d'égards : ainfi de jour en jour elles revenoient plus convaincues que leur bonheur réel étoit fi fort lié à celui des hommes, que les deux fexes ne pouvoient être véritablement heureux féparés l'un de l'autre ; elles convinrent même entr'elles de leur foibleffe & de l'appui qui leur étoit néceffaire.

Pâris perfuadé que fes ennemis, dont le nombre s'étoit confidérablement augmenté par la jonction des Inglis, ne tarderoient pas à paroître, & réfolu de profiter de la vive impatience que montroient fes alliés, propofa une revûe générale fur les rives orientales de la Seine.

Le jour prit, toute la Cour fortit de Lutèce : le fils de Priam environné d'une foule innombrable de Guerriers, crut fe retrouver encore fur les bords fanglans du Simoïs ; il parcourut la plaine, fuivi de Parifis, & vifita tous les différens Corps rangés en ordre de bataille pour le recevoir.

Le premier qui s'offrit à fa vue, fut celui de Francus ; ce héros paroiffoit à la tête armé à la Troyenne ; fous fes ordres marchoient Ségefte, Anthée, Tarès, tous brûlans du même défir de fignaler leur jeune courage, & d'atteindre à la gloire de leurs peres enfévélis fous les ruines d'Illion; ils avoient à leur fuite des machines d'ai-

rain , dont les bouches allumées par le foufre &
le falpêtre lançoient la foudre & la mort , invention
terrible , ignorée depuis la guerre des Titans , &
dont Fétiffe découvrit le fécret à fes chers
Troyens ; mais qui fe perdit encore depuis , pendant plufieurs fiècles, pour le bonheur de l'huma-
manité.

Les Sueffonniens & les Rhémiens venoient enfuite, conduits par Sueffonic & Rhémondix, Sauvages de grande efpérance ; ces peuples commençoient à former deux peuplades affez confidérables :
leurs peres avoient été enlevés par des Celtes ; la
crainte d'un pareil fort armoit leurs bras vengeurs,
ils s'étoient fortifiés de l'alliance de Francus, à qui
ils payoient une efpèce de tribut.

Longho , le redoutable Longho , qui le premier de fa nation fçut fixer un peuple errant
& changer pendant la paix fes armes en focs
de charrue , étoit à la tête des fiens ; encore indigné d'une injufte préférence, il rappelloit à fes
amis, à Lucus, à Vertrix, à Nammès, leurs anciens exploits ; dignes Compagnons de fes travaux,
ils étoient tous comme lui, ennemis & rivaux du
farouche Celtès, dont ils avoient également à fe
plaindre.

Venoient enfuite les Liontins , conduits par

Léon, fils de Lugdus; leurs cuiraffes recouvertes d'étoffes du meilleur goût, cachoient l'airain fous des tiffus d'or; leurs cafques ornés de franges & de guirlandes flottantes au gré des vents, frappés des rayons du foleil, brilloient du plus grand éclat.

Près d'eux s'étoient rangés les Œduens; fiers de leur fabuleufe origine, qu'ils tenoient, difoient-ils, de Mars & de Vénus ils alloient encore demi nuds, n'étant couverts que de la peau des monftres qu'ils avoient téraffés; armés de fimples javelots, ou de haches tranchantes, ils avoient pour Chef le fier Œdualde, vêtu d'une peau d'ours, dont la tête lui fervoit de cafque, & armé d'une énorme maffue; c'étoit aux généreux foins de Parifis, qu'il avoit dû le retour de fa chere Œdulie, la reconnoiffance avoit armé fon bras; la vue de ces deux Corps, formoit le contrafte le plus frappant & le plus fingulier. Manéthon, l'époux de la belle Œdulie, avoit préféré au pénible métier de la guerre & à la gloire d'aller fécourir fes Compatriotes, le doux repos dont il jouiffoit à Œdua dans les bras de la moleffe.

Bocaris, Arletès & Rhodofis, conduifoient les Arélates, les Rhodiens, & ceux des habitations voifines qui s'étoient formées fur les rives méridionales du Rhodanim jufqu'à la mer.

Les Marfilliens & les peuples de ces contrées

qui s'étendent jufqu'aux Alpes, étoient conduits par Marſillis lui-même, & par Sénanus, Roi des Liguriens, pere de la belle Gyptis; ils étoient accompagnés de Tolonius, de Cratès, & d'autres illuſtres Phocéens.

Tolofis, le jeune & courageux Tolofis, le vainqueur de Delphes, étoit à la tête des braves Tectofages & des Leucates, qui l'avoient auſſi choiſi pour Chef; né pour la guerre, il ne le cédoit à aucun autre en valeur; il étoit encore ſuivi d'une troupe d'Oréens, de Magnates & de Thémiféens, qui avoient quitté les rivages de la Garonne pour ſuivre leurs vainqueurs, dans l'eſpérance de trouver ailleurs un deſtin plus heureux.

Ceux de Burdigala, qui à l'aide de Pâris, avoient rompu leurs fers & chaſſés leurs tyrans, étoient conduits par Aquitain, Médoc & Agen; pénétrés de la plus vive reconnoiſſance pour leur libérateur, & enflâmés du courage qu'il leur avoit inſpiré, ils brûloient tous d'impatience de lui ſacrifier leur vie.

Pâris qui avoit connu ces différens peuples dans leurs diverſes habitations pendant le cours de ſes voyages, & qui en avoit été accueilli avec humanité, s'empreſſa de leur donner des marques de ſa reconnoiſſance; rien n'égala la joie qu'il reſſentit

de voir fon cher Tolofis à la tête des braves Tectofages ; auffi n'oublia-t'il ni foins ni égards pour
fe les attacher ; c'étoit, fur tout, fur eux qu'il
fondoit fa principale efpérance.

Il étoit venu à Pâris des défenfeurs des plaines
même de l'Armorique, fous la conduite des redoutables Armos, Diftoladen, Kaled & Cloadic : fi
ces peuples fauvages ne reconnoiffoient encore ni
ordre ni difcipline, la crainte leur étoit également
inconnue ; mourir en combattant, étoit leur fuprême bonheur ; couverts d'écáilles de poiffon,
leurs cafques étoient des conques marines, leurs
longs javelots au lieu de fer, n'étoient armés que
d'os tranchans, de cornes ou de dents de monftres
marins, jettés fur les côtes par les tempêtes, ou
furpris à la mer à l'aide de leurs légers canots.

Les Tourainiens & les Auréliens, habitans fortunés des fértiles rivages du Ligéris, étoient menés
par Taranis & Aurélès ; l'un refpectable Vieillard,
dont la longue expérience avoit acquis le droit de
modérer l'impétueufe ardeur de l'autre ; fi le fecond
étoit le bras de ces peuples, le premier en étoit
l'ame ; ils étoient armés de larges hallebardes, dont
ils fe fervoient avec tant d'adreffe, qu'ils ne redoutoient aucune autre efpèce d'armes.

Toutes ces différentes peuplades pour fe reconnoître entr'elles, se rallier & se concerter plus aisément, convinrent de porter pour étendards la figure de divers animaux sur de longues piques.

Après la revue de ces différens Corps, Pâris leur fit connoître la nécessité de se choisir un Chef digne de commander à tant de braves gens, & qui pût les réunir au besoin, pour s'opposer dans tous les tems à cette multitude de Celtes qui couvroit l'Europe, & la menaçoit d'une invasion générale, s'offrant de combattre lui-même sous les ordres du Général que nommeroit la Nation assemblée.

Pour rendre les Dieux favorables & les intéresser à cette élection, on offrit un sacrifice au Dieu Mars, dont le temple voisin du camp venoit d'être achevé; Pâris qui s'y étoit rendu accompagné de tous les Chefs, y reçût d'eux le commandement général, & tous jurèrent de lui obéir comme à leur légitime souverain : le Dieu des combats applaudit lui-même à ce choix par les entrailles & le sang des victimes qui le confirmèrent, & l'on convint de s'assembler tous les ans à pareil jour au champ de Mars, pour y régler les affaires générales de la Nation.

Ce fut alors que Pâris, devenu le Chef de tant de peuples, parût tout-à-fait un autre homme. Francus lui fit présent des armes & du bouclier d'Achille, qu'Hector avoit enlevés à Patrocle, & Mars fit paffer dans fon cœur cette intrépide affurance, qui préfage & donne la victoire. Les Pariféens l'élevèrent fur leurs boucliers & le montrèrent à toute l'armée, qui confirma ce choix par fes acclamations ; une foule de Chevaliers s'offrit pour compofer fa garde, il en choifit l'élite, & tous jurèrent de le défendre au péril de leur vie.

» Et moi, leur dit Pâris, je jure par votre bra
» voure, que nous vaincrons ces Celtes indomptés,
» ces fanguinaires vagabons, moins comus par
» leurs exploits, que par les ravages qu'ils exer
» cent : leur nombre égala-t'il les grains de fables
» qui couvrent les rivages de la mer qu'ils occu
» pent, vous les verrez difparoître comme la
» pouffière emportée par les vents. Mais atten
» drons-nous qu'après avoir ravagé les vaftes plai
» nes qui nous féparent encore, ils viennent nous
» chercher, & porter le carnage & la mort jufqu'en
» ces lieux ? Prévenons-les, amis ! qu'ils foient
» précipités dans les abîmes du vafte océan, &
» que leurs cadavres infects, dignes jouets des
» flots & des vents en fureur, portent au loin la
» nouvelle de leur défaite.

A ces mots, tout le Camp retentit de mille cris de joie, & le nom de Pâris porté de bouche en bouche, parvint en un inſtant juſqu'à Lutèce.

Les plus fières Samothides étonnées de voir cette foule d'eſclaves, qu'elles avoient vus ramper aux pieds de leurs autels, devenus tout-à-coup des héros, commencèrent à concevoir une idée plus avantageuſe des hommes, & à les regarder comme des êtres dignes de leur attention.

On ne s'occupa plus que des préparatifs d'un prompt départ. Hyppodamon fut encore chargé de dompter des chevaux pour la Cavalerie ; Calchonidès de forger des armes dans les ſombres ſouterreins du mont de Mars, & les forêts voiſines retentirent des coups de coignées qui renverſoient d'antiques chênes, pour la conſtruction d'une multitude de batteaux qui couvrirent bientôt les ondes de la Seine, pour tranſporter l'infanterie & les munitions de guerre, ſous les ordres du prudent Nautonis.

C'étoit un ſpectacle enchanteur que la vue de Lutèce & de ſes environs ; le concours de tant de peuples différens & des immenſes préparatifs de toute eſpèce, y jettoit une induſtrieuſe activité, qui préſageoit ce que ſeroit un jour cette Cité naiſſante, deſtinée à devenir le centre du bon goût, des plaiſirs & des arts.

Les Oréens, à qui la garde de la Ville fut remiſe

pendant qu'on alloit s'en éloigner, commencèrent à s'y établir avec le faste & le luxe qui les suivoient par-tout, & qui n'y firent malheureusement que trop de progrès pendant l'absence de Pâris. Bientôt les Pariséennes voulurent imiter les Oréennes ; les coliers, les brasselets d'or, devinrent si communs en peu de tems, qu'ils cesserent de distinguer les états ; la naissance, l'obscurité, le vice & la vertu, s'en parèrent indifféremment.   ·

Bientôt les rivages du fleuve parurent au loin hérissés de piques, & son lit couvert d'innom-brables batteaux : on n'étoit plus agité de la crainte de l'ennemi redoutable qu'on attendoit ; c'étoit cet ennemi lui même qu'on alloit chercher, pour l'éloigner à jamais de ces bords fortunés.

Celtès, dont les troupes étoient encore disper-sées dans leurs quartiers, apprit avec le plus grand étonnement, que ses ennemis réunis en grand nombre, étoient en marche pour venir fondre sur lui : surpris de l'audace de ces peuples, qu'Albion lui avoit peints moux & esclaves des femmes, il commença à croire que Pâris étoit un adversaire digne de lui ; il rassembla donc en diligence toutes ses forces, & résolut de l'attendre dans un poste avantageux.

A peine la tête des premiers Corps des Pariféens se montra, que les hostilités commencèrent. Les Celtes, avides de sang, selon leur usage barbare, immolèrent à leurs Dieux les premiers prisonniers qu'ils firent sur leurs ennemis; ceux-ci, encore en trop petit nombre pour pouvoir s'y opposer, virent ce triste spectacle du haut d'une montagne voisine: Polibius, un des fils d'Albion, emporté par son jeune courage, fut une des premières victimes qui tomba sous la hache de ce peuple cruel; son fanatique pere fut témoin de cette horreur, sans que ses entrailles en fussent émues: la flâme de cet abominable sacrifice fut le signal du combat; elle alluma le courage des Paríféens, & ne fit que précipiter leur vengeance.

Les Celtes étoient campés sur les rivages de la mer, entre la Seine & la Somme: au premier bruit de l'approche de leurs ennemis, ils étoient sortis de leurs tentes, comme des lions qui s'élancent hors de leurs cavernes pour défendre leur proie, rien n'égaloit l'impétueuse ardeur de ces barbares; leurs Chefs pouvoient à peine en imposer à cette soldatesque effrénée, & lui prescrire quelqu'espéce de discipline. Pâris qui avoit vû sous les remparts d'Illion les armées Grecques & Troyennes, convint avec étonnement, que celles-ci pouvoient leur être comparées & par le nombre & par la valeur.

Celtès commandoit à vingt Chefs qui, nourris dans les combats, ne connoissoient la mort que pour la braver; une multitude de chariots qui servoient à transporter leurs femmes, leurs enfans, & la foule d'esclaves qui les suivoient, augmentent leur nombre, ajoutoit à l'appareil imposant de leur marche; ces peuples n'ayant point encore de demeures fixes, inondoient tout-à-coup un pays, & ne le quittoient pour passer dans un autre, que lorsqu'il n'étoit plus en état de fournir à leur subsistance & à celle de leurs nombreux troupeaux: ils avoient quelque Cavalerie, mais leur principale force consistoit dans l'Infanterie, qu'ils exerçoient à la course; ils portoient sur leur juste-au corps, une espèce de petit manteau court, qui descendoit à peine jusqu'à leurs hanches.

Aux Celtes, s'étoient joints depuis peu les Sarmates, Hyperboréens, venus des rives du Danube, & livrés comme eux au seul métier de la guerre; ils étoient si fort accoutumés à l'exercice du cheval, qu'ils ne le quittoient presque jamais, pas même pour dormir; ensorte que la plupart en perdoient l'usage des jambes, & devenoient des espèces de Centaures; leurs armes étoient l'arc, la flèche, & une longue lance qu'ils appuyoient contre le genou, pour renverser plus sûrement leur ennemi;

leurs femmes les fuivoient auffi fur des chariots,
& fe méloient fouvent avec eux dans les combats;
elles ne pouvoient trouver d'époux, qu'après avoir
tué au moins un ennemi.

A la vue des Pariféens qui parurenr fur la cime
des montagnes, toute la plaine retentit des cris des
Barbares, qui multipliés par les échos des forêts
voifines en augmentoient l'horreur; Celtès, monté
fur un cheval fans rênes, & dont la longue crinière
flottoit au gré du vent, vole d'un bout de fon
armée à l'autre; de fes yeux part l'éclair qui enflâme fes Guerriers; fa voix eft un tonnere, qui
perçant dans les cavernes les plus profondes, en
tire ceux à qui même l'âge ou la maladie ont fait
chercher quelque repos; placé au centre avec
Albion, il y appelle les Ibères, les Celtibères &
les Celtocètes; il y place auffi les Vriens, les Ciné-
riens, les Arimafpes, peuples finguliers, à qui la
fable n'accorde qu'un œil, parce qu'étant tous
archers, ils n'en montrent qu'un à l'ennemi, l'autre
reftant toujours fermé, pour mieux diriger leurs
coups.

Cofquedin, qui dans les tournois de Lutèce avoit
combattu avec gloire, impatient de fe mefurer de
nouveau avec le jeune Parifis, fe prépare au combat;
la terre tremble fous l'effrayante maffe de ce redou-

table Celte, il fait mouvoir comme un rofeau flexible, une énorme maffue que nul autre n'auroit pû lever de terre ; il traîne à fa fuite une foule de braves, qui couverts de la peau des monftres qu'ils ont terraffés, & le corps peint de différentes couleurs, offrent un fpectale effrayant ; de longues piques ferrées par le bout, font leurs uniques armes ; mais ils s'en fervent avec tant d'adreffe, que d'un feul coup ils attèrent le cheval le plus vigoureux. Cofquedin range fa troupe à la droite de l'armée, à côté des Scithes & des Sarmathes, commandés par l'impétueux Sarmonidas, qui manioit fon cheval avec tant d'art, qu'il pouvoit le difputer au grand Hyppodamon.

Afaphor, non moins intrépide, mais d'un âge plus avancé, joignant à une grande expérience acquife dans les combats, le titre d'ami de Celtès, occupe la gauche avec Ingland, Ilbas & Naraïr, qui conduifent la foule d'étrangers qu'ils ont forcés de les fuivre ; mais comme on en eft peu fûr, le vaillant Méchanès les foutient avec un corps de Cavalerie fotmidable : du nombre de ces étrangers font les Inglis, dont la prefqu'île fut depuis nommée Albion, du nom de ce fanatique Samothide qui fuccéda à Ingland leur Chef : le courage de cette Nation perçoit à travers les fombres voiles de fon

défefpoir ;

défefpoir ; indignée du joug fous lequel elle plioit avec douleur, elle regrettoit, pour en moins rougir, de n'avoir point à le porter avec le monde entier.

Pâris de fon côté raffemble fes principaux Chefs, leur donne fes ordres ; Parifis, Francus, Longho, Sénanus, Arlétès, Tolofis, Bocaris, Médoc, Agen, le joignent & font bientôt fuivis de cent autres : l'armée eft en mouvement ; chacun vole au pofte qu'il doit occuper ; tels on voit les flots d'une mer foulevée par les vents, fe répandre au loin fur les rivages, & les couvrir en mugiffant de leur écume blanchiffante.

Le fils de Priam apprit des habitans du pays, qu'à quelque diftance de-là, au fein d'une plaine fabloneufe, s'élevoit un rocher taillé à pic (1), que la mer venoit environner deux fois par jour, comme pour lui apporter le tribut de fes ondes, & que fur la cime élevée de ce rocher majeftueux, la fage Minerve avoit un temple, de tout tems refpecté, même par les Barbares : pénétré de reconnoiffance pour cette Déeffe fa protectrice, qui avoit elle-même daigné tracer fa marche fur le bouclier dont il étoit armé, il jure en ce moment, que fi Minerve lui accorde la victoire, il ira lui-même

---

(1) Aujourd'hui le mont S. Michel.

II. Partie.   Q

suspendre aux colonnes de ce sanctuaire augufte, & dépofer fur fon autel les dépouilles les plus précieufes des vaincus. Ce vœu eft dans l'inftant confirmé par tous les principaux Chefs, & par l'armée entière, qui demande à grands cris qu'on la mène au combat.

Pâris profitant de la vive impatience de fes troupes, fait fes difpofitions pour l'attaque : il donne à Longho, qui s'étoit tant de fois fignalé lui-même à la tête de cette nation errante, le commandement de l'aîle droite, compofée de fes Longhoniens, des Œduens conduits par Œdualde, & des Liontins qui marchoient fous le brave Léons ; les Sénoniens, les Auréliens, & quantité d'autres peuples voifins que l'amour de la liberté avoit arrachés de leurs forêts, s'étoient auffi rangés fous fes drapeaux avec leur chef Vergobrès.

Francus, fier du fang d'Hector qui coule dans fes veines ; Sénanus & l'intrépide Marfillis font chargés de conduire la gauche : ils avoient avec eux les Francs, venus des rivages Troyens, les Sueffoniens, les Rhémiens, les Leucates, les Liguriens, les Phocéens, les Arélates, les Aquitains, les Burdigaliens & les Armoriquains, tous conduits par autant de Chefs intrépides.

Pâris fe met au centre avec l'invincible Tolofis,

Talès, Tolonius, & le jeune Parifis : c'étoit là que devoient combattre les vaillans Tectofages , les Vainqueurs de Delphes , & ces braves Chevaliers, l'élite de tous ces différens peuples , qui avoient acquis tant de gloire dans les différens tournois de Lutèce ; le Chef des Pariféens montroit cette ferme affurance qui préfage la victoire ; fon fils fuivoit fespas , avec cette ardeur héroïque qui cherche & brave les dangers : ils avoient en tête Celtès , fecondé d'Albion , ennemis auffi féroces que terribles.

Le fignal donné , les armées s'ébranlent : à un morne filence , fuccèdent des deux parts des cris terribles, & les différens Corps en un inftant font en préfence.

Filles de Jupiter , Mufes fublimes , c'eft ici que j'ai befoin de votre voix facrée , pour peindre cette journée fameufe , & les faits glorieux de ces Héros , fondateurs de la première Monarchie de l'univers ! Si plufieurs de leurs noms fe font perdus dans l'obfcurté des fiècles, qu'ils revivent aujourd'hui pour ne mourir jamais.

Parifis couvert d'une peau de lion relevée fur le genou, & fuivi d'une foule de Chevaliers, s'avance le premier ; il portoit fur l'épaule un riche carquois ; fon bras nerveux à demi-nud , fecouoit un long javelot, & de fa gauche il fe couvroit du redoutable bouclier, fur lequel Minerve avoit elle-même tracé les limites de ce nouvel empire ; Pâris , en ce moment terrible, en avoit armé fon fils par préférence à lui-même ; ce jeune héros , fier de cet avantage , fort tout-à-coup des rangs, en appellant à haute voix le plus brave de fes ennemis : tel on vit le bouillant Achille dans les plaines du Simoïs, braver l'armée entière des Troyens, & défier leurs Guerriers les plus formidables.

Pâris témoin de cette noble audace, en verfe des larmes de joie ; mais craignant pour la jeuneffe de fon fils, il court le feconder. Celtès & Albion fe préfentent pour les combattre : les deux armées alors fufpendent leur marche, pour être fpectatrices d'un combat dont elles craignent également l'iffue : tels dans la guerre des Titans avec les Dieux, on vit les mortels confternés à l'afpect des Encelades efcaladant les Cieux , attendre leur fort en tremblant.

Ce n'étoit plus ce voluptueux Pâris, ce foible amant de la volage Hélène , que Vénus avoit retenu fi longtems dans fes fers; c'étoit Pâris, tel qu'il s'étoit montré vainqueur d'Hector , lorfque fimple Berger du mont Ida , il parut pour la première fois à la Cour de Priam ; c'étoit enfin Pâris, nfpiré & conduit par Minerve elle-même.

Celtès, qui paſſoit de la tête tous les Chefs de ſon Armée, étoit couvert de la peau d'un tigre, & portoit une énorme maſſue, de laquelle il renverſoit des rangs entiers; plus fier encore de ſon courage que de la force de ſes armes, il s'avance furieux; ſon œil étincellant meſure avec dédain ſes ennemis; il veut combattre ſeul ſes deux adverſaires; mais le fier Albion le joint; le feu ſombre du fanatiſme eſt répandu ſur ſon viſage farouche; ſon bouclier eſt tiſſu de douze peaux, recouvertes d'une lame d'acier bruni: de jeunes lions affamés, qui ſe diſputent leur proye dans le fond des forêts, ne montrent pas plus de fureur que ces fièrs combattans. Les quatre Héros ſe précipitent en même-tems les uns contre les autres; leurs armes ſe croiſent, ſe briſent; on ſe porte des deux côtés les coups les plus terribles. Pâris & Pariſis inſenſibles à leur propre danger, ſe couvrent l'un l'autre de leurs boucliers, & bravent la mort quivole autour d'eux.

L'avantage entre les deux partis étoit encore douteux, lorſqu'une flêche lancée de l'armée des Celtes, ſiffle dans les airs & vient tomber ſur le bouclier de Pariſis, qu'elle ne fait heureuſement qu'effleurer: cette lâche trahiſon eſt le ſignal d'un combat gé-

Q iij

néral; les deux armées s'ébranlent; une grêle de
traits obfcurcit l'air; des flots d'ennemis fe-fuccè-
dant les uns aux autres, entraînent les quatre
Combattans, & l'action devient générale : en un
inftant le champ de bataille eft couvert d'armes
brifées, de membres épars, de morts, de mourans; & mille actions héroïques demeurent enfé-
velies dans l'ombre du tombeau avec les Héros
qu'on y précipite.

Tolofis à la tête de fes vaillans Tectofages, fait
des prodiges de valeur; femblable au Dieu Mars,
il renverfe tout ce qui s'oppofe à fon paffage : Sarmonidas & Méchanès tombent fous fes coups; le
premier, frappé mortellement d'un javelot dont il
lui traverfe la poitrine; & le fecond, d'un coup de
hache dont il lui fend la tête.

Bocaris, qui combattoit fous les yeux de Pâris,
ne s'acquiert pas moins de gloire; il renverfe le
redoutable Cethès, qui lui feul avoit détruit plus
de villes, qu'un peuple entier n'en avoit élevé en
plufieurs fiècles fous les règnes les plus heureux.

Dans la mêlée, le farouche Cofquedin joint
Parifis qui pourfuivoit Albion, la lance dans les
reins : » arrête, jeune téméraire! lui cria-t'il, il ne
» s'agit pas ici de fêtes, ni de difputer aux yeux
» d'un cercle de femmes, la vaine couronne de

» laurier que le hafard ou la faveur te donnèrent
« au tournois de Lutèce : voyons fi dans ce champ
» ouvert à la feule valeur , tes armes dorées fou-
» tiendront l'effort de ce fer encore brut & lancépar
» monbras ; c'eft à toi que j'en veux, défens ta vie.

 » Songe à la tienne, lui répond le fils d'Œnone,
» qui plus rapide que l'éclair , lui décoche un trait
» qui lui perce le cœur.

Francus de fon côté, le tendre époux de l'aimable Plancée, attaqué par le Chef des Inglis , par
le redoutable Ingland , qui ne l'avoit encore cédé
qu'à Celtès, foutient avec fermeté la gloire des héros
fes ancêtres : dix fois la Parque eft prête de trancher
la trame des jours du Héros Troyen , & de con-
damner aux pleurs une époufe chérie ; mais enfin
quoique dangereufement bleffé , il triomphe d'Ingland qu'il envoye chez les morts , & laiffe les Inglis fans Chef.

D'une autre part le bouillant Tolofis, ce généreux ami de Pàris, fuivi des intrépides Tectofages,
charge les Arimafpcs & les Sarmates, enfans des
rives du Danube ; deux tonneres enfermés dans
une même nuë , n'en fortent pas avec plus de fra-
cas, que n'en fit éclater le retentiffement des armes
de ces deux formidables Corps : Tolofis fond fur
l'invincible Afaphor ; leur choc terrible les rend

quelque tems immobiles; ils font attachés l'un à l'autre, ainfi que des Athletes qu'un Artifte habile auroit taillé d'un même bloc; Afaphor enfin, lève un poignard pour en percer fon ennemi; mais Tolofis le ferre avec tant de force, qu'il l'étouffe & le renverfe fous fes pieds. Cent javelots font à l'inftant levés pour le venger; mille autres partent en même tems, & l'aveugle mort en frappant partout au hafard, n'épargne que le brave Tolofis.

Tolonius, à la tête des Marfilliens, des Arélates, des Liontins, & Sénanus avec fes Liguriens, laiffent par-tout des traces de leur courage: ils écrafent les flots d'ennemis qui fe renouvellent fans ceffe, & leurs Chefs frappés mortellement au milieu d'eux, achèvent par leur chute de les mettre en déroute.

Les Celtes cependant, tiennent ferme; toujours inébranlables, ils tombent dans le pofte même qui leur eft confié, plutôt que de l'abandonner.

Malgré tous ces avantages, la victoire flottoit encore incertaine entre les deux armées, quand le redoutable Longho rencontre Celtès dans la mêlée; à la vue de fon ennemi, de cet odieux rival préféré, il fent renaître dans fon cœur l'ardente foif de la vengeance: » Arrête Celtès! lui cria-t'il, d'une » voix terrible, voyons qui de nous deux méritoit » le mieux de commander à ces braves Guerriers»

» qui fous tes pas femblent défier la mort même ,
» & fi tu l'ofes, viens juftifier leur choix.

A ces mots, la joie s'empare du préfomptueux Celtès , qui fans daigner répondre , femble d'un regard menaçant , prendre l'armée à témoin de la vengeance qu'il médite , & fe précipite fur fon adverfaire avec tant de force , qu'il l'eût infailliblement renverfé , fi Longho n'eût évité le coup par fon adreffe ; mais celui-ci profitant alors de la pofition de fon ennemi qui fe trouve à découvert , le perce de fon javelot : Celtès frappé , tombe & fe relève , tel qu'un peuplier que des Bergers ont plié vers la terre , & qui par l'effort de fon élafticité , fe redreffe auffitôt vers le Ciel ; le combat recommence avec le même acharnement : mais bientôt Celtès frappé d'un coup de hache fur la tête , tombe noyé dans fon fang aux pieds de fon ennemi.

Auffitôt mille traits partis de l'armée des Celtes tombent fur Longho , qui fans en être accablé , les reçoit fur le bouclier dont il eft couvert : ces furieux , pour venger la mort de leur Chef, reviennent au combat avec encore plus de rage ; la mort vole de rang en rang ; & bientôt le champ de bataille n'eft plus qu'un amas confus d'armes brifées , de membres épars , & de cadavres fanglans.

Dans ce tumulte affreux, Pâris & Parisis raffemblent leurs Chevaliers difperfés , en forment un feul Corps, & fuivis de Longho , de Francus, de Tolofis, de Sénanus, de Bocaris, d'Aquitain, de Médoc, d'Agen , & de mille autres Héros , ils accablent & achèvent de difperfer leurs ennemis ; mais bientôt un nouveau fpectacle, auquel ils ne s'attendent pas, attire leur attention.

Les femmes Celtes échévelées , devenues des Furies, quittent leurs chariots; armées de haches tranchantes, de lances qu'elles ramaffent à l'envi fur le champ de bataille , elles ramènent elles-mêmes leurs maris au combat.

» Où fuyez - vous , lâches ? leur crient - elles ; » nous abandonnez vous aux fers de ces peuples » nouveaux ? ofez nous fuivre : venez mourir à » notre exemple, ou leur arracher la victoire ?

Toutes à ces mots, fe précipitent tête baiffée fur les Pariféens, fans pouvoir les ébranler : furieufes de l'inutilité de leurs efforts, & craignant de s'en voir enveloppées, elles rentrent en frémiffant dans l'enceinte de leurs chariots, s'y renferment avec les vieillards & leurs enfans , & s'en font un nouveau rempart. Pâris ordonne envain qu'on épargne leurs jours; elles ne veulent point de grace, & combattent toujours ; réduites enfin à un petit nombre, elles alloient des torches à la main, mettre le feu à leurs chariots, lorfque Pâris admirant leur courage, leur fait de nouveau propofer des conditions honorables ; elles ne les acceptent enfin que fous la promeffe facrée qui leur eft faite, qu'on n'attentera ni à leur liberté, ni à leur honneur, & qu'elles pourront donner la fépulture à leurs époux.

On les vit auffitôt échevelées jetter leurs armes, fortir de leur enceinte, & pouffant des cris lamentables, fe répandre fur des tas de cadavres fanglans, y chercher à découvrir d'un œil noyé de larmes, les traits de leurs maris ou de leurs enfans, les appeller à haute voix par leur nom, & après les avoir trouvés, les porter religieufement fur leurs épaules au bucher qu'elles avoient préparé, pour en confumer les triftes reftes, & fe vouer à un veuvage éternel.

Cependant Albion vaincu, & défefpérant de rétablir les autels abattus des Déeffes, après avoir raffemblé ce qu'il y avoit encore de Celtes & d'Inglis en état de fe défendre, fe mit lui-même à leur tête, & dirigea fa route vers la prefqu'île des Inglis, où les Celtes avoient laiffé une partie de leurs richeffes, y répandit la confternation, fit envifager à ces peuples éperdus, leurs nombreux troupeaux difperfés, leurs femmes efclaves, leurs enfans maffacrés, & eux-mêmes réduits en efclavage, s'ils n'oppofoient promptement une barrière à ce torrent d'ennemis furieux.

Les Inglis reftés fans Chef en état de les défendre, choifirent Albion, remirent leur fort entre fes mains, & jurèrent tous de le fuivre.

» Le péril eft grand, leur dit-il, après les avoir » raffemblés; mais il n'eft pas fans remède : le mo- » ment approche où le fuperbe Pâris viendra vous » chercher jufqu'en ces lieux : cet ifthme étroit qui » vous attache au continent lui en ouvrira l'entrée ; » mais lapuiffante Britta que vous adorez, a fon » temple de feu dans les vaftes fouterreins de cet » ifthme brûlant : ce volcan enflâmé qui le couron- » ne fur le mont Kalai, en eft l'effrayante iffue, (1) » offrez des facrifices à cette Divinité redoutable, » dont l'empire s'étend fur ce gouffre de feu ; » il femble que déjà indignée, elle veuille s'in- » téreffer à votre fort ; depuis deux jours la » flâme a redoublé, & la lave inondant ce rivage

______

(1) L'ancienne Angleterre étoit autrefois une prefqu'île, jointe aux Gaules par une ifthme, où eft actuellement le pas de Calais ; les mêmes couches de terres qui fe trouvent fur les deux rivages en font encore la preuve : on prétend qu'un volcan a détruit cet ifthme.

» femble vouloir en défendre l'accès ; détruifons
» le peu de terrein qu'elle ne couvre point en-
» core , & que les abîmes de la mer venant cou-
» vrir ces bouches enflâmées , fervent à jamais
» de barrières infurmontables entre ce peuple &
» nous.

Il ordonne alors l'appareil d'un pompeux facrifice, prête lui-même la main à ce faint miniftère ,
frappe la victime , & après avoir cru lire un heureux fuccès dans fes entrailles palpitantes , trace
avec le fer de fon javelot, le terrein qu'il faut couper ; diftribue à chacun l'ouvrage qu'il doit faire ,
& la crainte eft l'ame de cette audacieufe entre-
prife.

Pâris qui ne croyoit point fa victoire affurée ,
tant qu'Albion refteroit armé à la tête d'un parti
puiffant, fe hâta de le fuivre , après avoir rendu
aux morts les honneurs de la fépulture.

Mais quel fut fon étonnement , lorfqu'à l'approche de la terre des Inglis , il trouva cette nation
occupée à rompre cet ifthme fameux qui l'atta-
choit au continent , & que la mer même en fureur
fecondant les efforts d'Albion , en détruifoit les
reftes! lorfqu'il vit l'affreufe Britta , par des coups
de foudre redoublés , hâter cette féparation !
fortir du volcan un déluge de matières enflâmées

qui fervoit de rempart aux travailleurs, & le fpectacle effrayant des fleuves brûlans de l'empire des
Morts!

Pâris crut même voir Neptune avec le fecours
des Enfers, fe déclarer encore l'ennemi du ra-
viffeur d'Hélène, ainfi qu'il avoit fait jadis fur les
rivages Troyens; il crut entendre les menaces de
ce Dieu terrible, qui lui défendoit d'approcher
d'un peuple qu'il protégeoit; ce fut enfin à la pâle
lueur des éclairs & au bruit de la foudre, que toute
l'armée vit la mer s'emparer pour jamais de cet
efpace immenfe, pour former une barrière entre les
enfans de Pâris & ceux d'Albion, qui dignes héri-
tiers de leurs ancétres, fe jurèrent dès cet inftant
une guerre éternelle.

Pâris alors jettant les yeux fur le bouclier dont
Minerve l'avoit favorifé, reconnut queles terres des
Inglis n'étoient point comprifes dans l'empire qui
lui étoit deftiné; que l'ifthme même y paroiffoit
déjà détruit, & que la mer en cet endroit devoit
limiter fes états; il ne fongea donc plus qu'à remplir
le vœu qu'il avoit fait à fa divine protectrice,
d'aller fufpendre aux voûtes de fon temple les dépouilles des vaincus.

Le Chef des Pariféens, dans la crainte de quelque furprife de la part des Inglis, laiffa fur fa route

le long des côtes de la mer, une partie de ses troupes victorieuses qui s'y établirent. Les Thémiséens se fixèrent sur les rives de la Seine, sous les étendarts de Rotomagis leur Chef, fils de Thémisée, qui depuis y fut le fondateur d'une Ville célèbre (1).

L'armée arrivée à la vue du rocher (2) fameux, que Minerve honoroit de sa présence, il fallut attendre que le flux de la mer en découvrit le passage.

Non loin de ce rivage, & sous un antre rustique ombragé par un vieux chêne, habitoit un Druide nommé Pontorsus; c'étoit l'ami des Dieux. Pâris apprit de lui, qu'une troupe de femmes désolées, manquant de tout, réduites au désespoir, étoient venues depuis peu chercher un asile dans ce temple auguste; il ne douta pas que ce ne fussent les Déesses Samothides, qui n'espérant plus rien d'Albion leur défenseur, avoient choisi cet asile sacré, & d'autant plus sûr, qu'il étoit défendu aux hommes d'approcher de ce rocher redoutable habité par de saintes Prêtresses, que Minerve y tenoit, éloignées du profane vulgaire.

---

(1) Rouen.
(2) Le Mont S. Michel.

Le Vainqueur des Celtes, inspiré sans doute par la Déesse, osa demander pour accomplir son vœu, d'être dispensé de la loi : pouvoit-il déplaire à Minerve? c'étoit son autel qu'il venoit charger d'offrandes: l'entrée du temple lui fut donc permise; mais pour ne point allarmer ces Vierges sacrées, le seul Parisis suivit ses pas.

Au lever de l'Aurore, les eaux s'étant insensiblement retirées, & les premiers rayons du soleil dorant la cime du rocher, le faîte du temple parut frappé d'une lumière si vive, qu'à peine les yeux en pouvoient soutenir l'éclat; c'étoit ainsi que la Déesse annonçoit sa présence dans ce lieu consacré à son culte.

L'impatient Pâris ne vit pas plutôt le passage ouvert, qu'il s'y précipita avec son fils, Gallie, Naïs, & leur aimable mere; ils essuyèrent plus d'une fois la fureur des vagues, qui revenans sur elles-mêmes, sembloient vouloir les engloutir; l'armée tremblante, élevant ses mains vers le Ciel, suivoit ses Chefs des yeux, pendant ce périlleux trajet, & crut voir Minerve elle-même, qui d'une main propice, les soutenoit contre les flots écumans, dont ils se trouvoient repoussés.

Ils abordent enfin sur ce rocher fameux, d'où de jeunes Vierges, inspirées sans doute par la

Divinité

Divinité de ces lieux, leur tendent des guirlandes de fleurs, & les conduifent au temple, au fon d'une mélodieufe fimphonie. La renommée venoit d'y publier leur victoire fur les Celtes, & les Prêtreffes de Minerve, couvertes de longs voiles blancs, les attendoient au pied des autels, avec des couronnes mélées de lauriers & de rofes.

A l'approche des vainqueurs, les portes s'ouvrent en criant fur leurs pivots d'airain, & laiffent voir l'intérieur du temple, dont la voûte foutenue par cent colonnes de marbre, fe perd dans la nuë.

Pâris, frappé d'admiration à la vue de ce fanctuaire augufte, avance avec un faint refpect, préfente fes offrandes, & après avoir embraffé les pieds de l'autel, prononce à haute voix cette prière.

» O puiffante Minerve! voici cet infortuné Pâ-
» ris, que fur le mont Ida vous daignâtes rappeller
» à la vie, par la douce efpérance de le réunir
» un jour à fa chere Œnone & à fon fils! Ce
» fils eft déjà dans mes bras; le voici devant
» vous; c'eft maintenant une époufe chérie,
» une mere tendre que nous ofons vous redeman-
» der! daignez la rendre à nos vœux empreffés :
» achevez votre ouvrage, & mes deftins feront
» remplis. J'ai parcouru ces vaftes régions, pro-
» mifes à cette foule de Rois qui doivent y règner

» après moi : j'ai vû les deux mers qui les baignent
» du Levant au Couchant ; ces lignes tracées de
» votre divine main fur ce bouclier dont vous armâ-
» tes mon bras, & que je vous confacre, ont été le
» fil qui m'a conduit à travers ces déferts. Je touche
» enfin au bout de ce vafte univers : faut-il pour
» en chercher un autre, franchir encore les pro-
» fonds abîmes de l'Océan ? parlez, j'oferai l'en-
» treprendre, pourvu que ma chere Œnone foit le
» prix de tant de travaux : l'hymen & la vertu
» l'avoient accordée à mes vœux ; la volage in-
» conftance me l'a ravie : vous feule, ô divine
» Minerve, pouvez la rendre à mes vœux em-
» preffés.

Il achevoit à peine ces mots, lorfqu'une des Prêtreffes qui entouroit l'autel, tombe dans les bras
de fes Compagnes, en pouffant un profond foupir :
tous les regards font attachés fur elle ; on lève fon
voile pour la fécourir, & Pâris reconnoît Œnone !
Elle venoit d'entendre les vœux fincères du plus
tendre des époux, elle en mouroit de joie.

» Ah ! mon fils, s'écria Pâris, dans la vivacité de
» fes tranfports ; c'eft elle-même, voilà votre mère !
» A ce nom chéri, tous les deux fe précipitent aux
« pieds d'Œnone, & la rappellent à la vie par les
« plus tendres careffes.

Hymen! tendre Hymen, orne tes autels; prépare tes concerts harmonieux ; voici le jour de ton triomphe! Deux mortels liés par tes nœuds facrés, féparés par un fort contraire , vont rentrer fous tes douces loix : couvre leurs chaînes de fleurs , fans en détruire la folidité : ramène les innocens plaifirs fur leurs pas ; que l'Amour , ton aimable frère , jaloux de réparer tous les maux qu'il a faits , foit de la fête; que fon flambeau l'éclaire fans la troubler.

Cependant la voûte retentit du bonheur de Pâris ; Minerve alors fe fait entendre, promet à ce couple heureux les plus brillantes deftinées, & jure que leurs defcendans règneront à jamais dans les riches contrées, qu'il a foumifes à fes loix autant par fes vertus que par fes armes.

Les Déefles Samotides, (car c'étoient elles en effet qui s'étoient refugiées dans ce temple) furent elles-mêmes fi touchées de ce fpectacle attendriffant, que renonçant à leur haine pour les Pariféens, elles confentirent de retourner à Lutèce, & d'y vivre déformais avec eux, à l'exemple de leurs Compagnes.

Pâris , Œnone & Parifis , au comble de leurs vœux, rejoignirent l'armée , qui les reçut avec les tranfports de la plus vive allégreffe. Tous ces différens peuples , charmés des vertus du Héros qui

les avoit fait vaincre, après l'avoir élu pour leur
Chef, en firent leur Monarque, & le conduisirent
à Lutèce, qui dès-lors prit le nom de Paris. Le
Vainqueur des Celtes y fit son entrée en triomphe,
au milieu des Déesses, & vécut longtems paisible
possesseur d'un Empire puissant, qu'il laissa pour
héritage à son fils.

F I N.

FAUTES A CORRIGER.

Pag. lig.

18. 15. Teutates, *lisez*, Teutatès.
Idem. 17. elle avoit, *lis.* ils avoient.
49. 11. nous, *ajoutez*, aussi.
56. 13. périssent, *ajoutez*, sur la route.
Idem. 16. & sembloit, *lis.* & qu'il sembloit.
57. 16. les hommes, *ajoutez*, eux-mêmes.
62. 11. les Dieux, *ajoutez*, lui dit-elle.
84. 19. répandoit, *lis.* répandoient.
126. 17. entrouver, *lis.* entrouvre.
140. 19. avoit, *lis.* avoient.
159. 17. propositions, *lis.* pouvoirs.
161. 16. elles firent, *lis.* elles en firent.
180. 24. sous, *lis.* sur.
188. 1. ecte, *lis.* secte.
192. 21. les, *lis.* leurs.
198. 20. d'abord, *ajoutez*, devoir.
248. 5. augmentent, *lis.* augmentant.